El gerbillo

Florence Desachy

EL GERBILLO

A pesar de haber puesto el máximo cuidado en la redacción de esta obra, el autor o el editor no pueden en modo alguno responsabilizarse por las informaciones (fórmulas, recetas, técnicas, etc.) vertidas en el texto. Se aconseja, en el caso de problemas específicos —a menudo únicos— de cada lector en particular, que se consulte con una persona cualificada para obtener las informaciones más completas, más exactas y lo más actualizadas posible. EDITORIAL DE VECCHI, S. A. U.

Índice

Introducción

Un animal doméstico

En uno de mis anteriores libros sobre los nuevos animales domésticos, tuve la oportunidad de insistir bastante sobre el aspecto reglamentario de la adquisición de ciertos animales de compañía no siempre considerados como animales domésticos.

La domesticación es la influencia que el hombre ejerce en el desarrollo de una especie y, en consecuencia, en las relaciones que puede mantener con el animal. Los peces, excepto los peces rojos, no son, por ejemplo, animales domésticos; los loros tampoco lo son, aunque están amaestrados. Por lo tanto, tendremos que obtener una autorización para venderlos y los documentos oficiales para comprarlos. El gerbillo, en cambio, sí

es un animal doméstico. Así pues, se puede obtener de forma totalmente legal.

Pero además es mucho más que un animal doméstico: es un animal de compañía, gracias al descubrimiento que los adultos y los niños han hecho de sus cualidades y de su comportamiento.

La noción de animal de compañía implica que se ha desarrollado un mercado adaptado a la adquisición y a la cría de estos animales en cautividad.

Sin embargo, debemos convencernos de que vivir en cautividad no es lo mismo que vivir en prisión; pero para ello es necesario que respetemos al pie de la letra las necesidades del gerbillo. Por lo tanto, es necesario que lo conozcamos perfectamente para asegurar su equilibrio. Este libro proporciona la información necesaria para que podamos adquirir un gerbillo en buenas condiciones de salud y para mantener su bienestar.

Además, al final del libro hay un apartado dedicado a los niños.

Un NAC

El gerbillo forma parte de los NAC. Pero, ¿qué es un NAC?

Las siglas *NAC* significan «nuevos animales de compañía». Esta denominación surgió en el año 1985 durante un congreso veterinario en Lyon. Engloba peces, pájaros, roedores y reptiles, es decir, todos los animales de compañía, menos los gatos y los perros. Francia se encuentra en la primera posición con veinte millones de NAC, por delante de España y de otros países europeos. La mayoría de estos animales, que hasta ahora no recibían muchos cuidados veterinarios, cada vez los reciben más. Las indagaciones sobre su comportamiento, sus necesidades y sus enfermedades se han intensificado y han permitido establecer mejor sus exigencias para asegurar su bienestar en cautividad.

Los conocimientos veterinarios sobre el gerbillo no son todavía totalmente perfectos, pero existen estudios sobre su sistema nervioso, sanguíneo, etc.

Desgraciadamente, tenemos que confesar que estos descubrimientos se han realizado porque el gerbillo ha sido durante bastante tiempo un animal de laboratorio. El aspecto «positivo» de esto es que el gerbillo es realmente uno de los roedores que mejor se conocen en el plano científico, y que existen numerosas tesis que describen sus enfermedades y su resistencia o no a los tratamientos. Estos datos los utilizan los veterinarios que tratan los NAC.

El gerbillo
en estado salvaje

Un roedor

El gerbillo pertenece al grupo de los roedores, grupo que a su vez se integra en el de los mamíferos. La característica fundamental de estos últimos es que amamantan a sus crías con la leche que segregan por las mamas. Los roedores son muy numerosos y habitan en todo el planeta, allí donde haya vegetación, menos en Nueva Zelanda y en el Antártico. Este grupo está formado por mil setecientas especies.

Esta cifra hace referencia a los roedores en estado salvaje y no a los animales de compañía. El número de gerbillos domésticos es inferior, puesto que no es el más conocido de todos los roedores. Los animales de compañía más comunes son los hámsters y los coba-

yas; a continuación están los ratones, las ratas, las ardillas de Corea, los gerbillos y las chinchillas.

El interés por el gerbillo ha ido creciendo por diferentes razones: es muy sociable, dócil y limpio. Orina poco y requiere muy pocos cuidados.

Su forma de vida es muy interesante de estudiar, y puede apasionar a los adolescentes y a los adultos atraídos por las ciencias. También puede ser un excelente amigo para los niños, gracias a su carácter juguetón.

El conocimiento perfecto de su comportamiento, su fisiología, sus necesidades y sus enfermedades permite comprenderlos bien y asegura una vida en cautividad equilibrada.

No hay que olvidar que estos

animales que hoy viven en una jaula en la habitación de nuestros hijos han sido y son a veces todavía animales que también se encuentran en estado salvaje. Pero no debemos culpabilizar a nadie, puesto que los animales vendidos sólo han conocido la vida en contacto con el hombre. De todas formas, el conocimiento de su forma de vivir en la naturaleza es fundamental para asegurarles unas condiciones de vida cercanas a las condiciones naturales. Sólo reconstruyendo su medio natural podremos hacer feliz a nuestro gerbillo, y asegurar que esté sano.

Los orígenes

El gerbillo es originario de Mongolia y del norte de China; también vive en África. Se considera que el gerbillo forma parte de las especies de ratas de arena.

Su organismo se ha adaptado poco a poco a la vida en las regiones áridas. Las zonas donde vive son regiones de arena recubiertas por una vegetación propia de regiones semidesérticas. El gerbillo vive también en los oasis de los desiertos.

Su oído le permite percibir ruidos muy alejados en un aire seco como el de las estepas. Por otra parte, su larga cola le permite saltar con facilidad.

Se introdujo en los Estados Unidos en el año 1954, y hace unos diez años se ha generalizado como animal de compañía.

Se han establecido criaderos y han surgido algunas mutaciones, sobre todo en lo que se refiere a los colores (existen muchas variaciones en los animales de compañía, pero no entre los gerbillos salvajes, que son marrones).

El hábitat

En estado salvaje, los gerbillos viven en madrigueras, como veremos más adelante. Por lo tanto, es interesante permitirles recrear esta forma de hábitat en cautividad. Se trata en efecto de animales excavadores, y la construcción de túneles puede hacer que su vida sea más equilibrada. Se trata de un ejemplo muy preciso de estudio del medio natural para permitir una mejor adaptación a la vida en cautividad.

En la naturaleza, el gerbillo construye verdaderas redes de túneles subterráneos que esconden habitaciones y salas de reservas de comida.

Estas madrigueras pueden medir entre siete y ocho metros de largo, y a veces tienen una profundidad de un metro.

Las madrigueras les permiten protegerse de los depredadores, puesto que las galerías tienen un diámetro muy reducido por el cual es muy difícil pasar. Además, po-

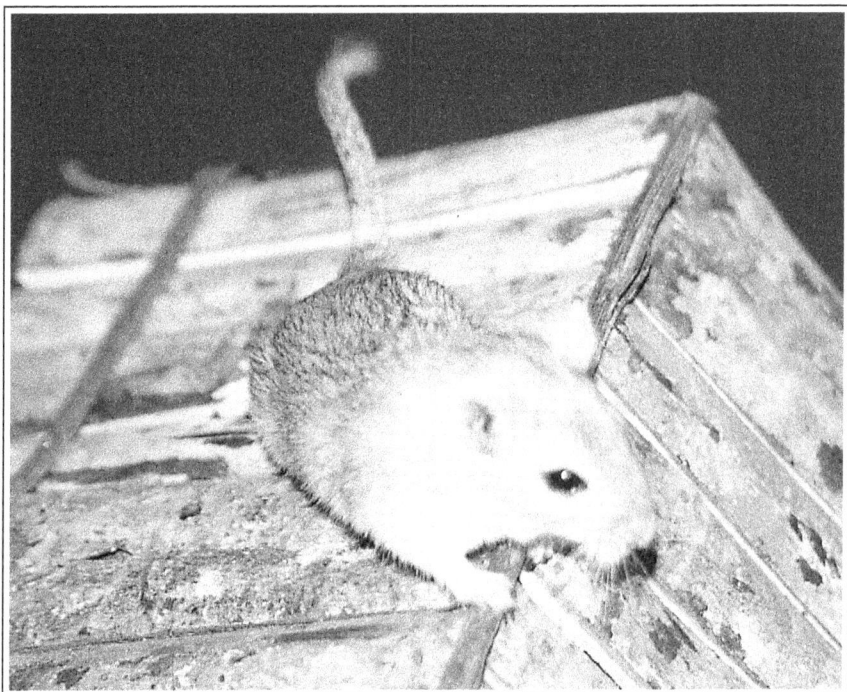

Los grandes ojos del gerbillo están adaptados a la vida subterránea

seen a menudo cuatro o seis entradas que forman un laberinto ideal para que se defiendan de sus atacantes. De esta forma, el gerbillo puede vivir tranquilo, protegido de las variaciones climáticas del exterior. En efecto, es muy sensible a los niveles de humedad del aire. En su madriguera, este parámetro no cambia. Ya veremos más adelante que esto tiene que someterse a una vigilancia permanente para favorecer el equilibrio del animal en la jaula.

Una adaptación perfecta

Este pequeño roedor vive, por lo tanto, en regiones donde el agua escasea. Evidentemente, esto no será así en nuestra casa, pero su organismo está adaptado a su hábitat de origen.

Lo que realmente es más importante para el gerbillo en estado salvaje es no desperdiciar el agua ingerida. Tanto al respirar como al sudar y al orinar se pierde agua. Por ello, sus riñones fabrican una orina muy concentrada que permite a su organismo eliminar menos cantidad de líquido.

El gerbillo también está dotado de un hueso nasal que condensa el vapor de agua cuando expira el aire por la nariz.

Además, la superficie de su piel por la que el agua puede evaporarse es muy importante en relación con su volumen.

El gerbillo no debe permanecer mucho rato en un lugar muy caldeado. ¿Cómo es posible entonces que viva en un clima en el que la temperatura puede alcanzar los 45 C? La respuesta es difícil de dar, pero el gerbillo ha encontrado soluciones. Cuando se alcanzan las temperaturas máximas, se esconde en su madriguera a cincuenta centímetros bajo tierra por lo menos, donde la temperatura es siempre la misma y se sitúa cerca de los 22 C.

Numerosas especies de gerbillos son nocturnas, menos el gerbillo gigante y el gerbillo de Mongolia.

Su vientre es a menudo de color blanco para reflejar el calor.

También se adapta a los desplazamientos en las regiones desérticas. Bajo sus patas posteriores, en efecto, presenta muchos pelos que forman un cojín antideslizante. En cautividad, uno de sus recursos para adaptarse al calor resultará muy útil: al orinar poco, no habrá que cambiar tan a menudo las virutas de la jaula.

Al gerbillo le gusta protegerse y esconderse por los rincones

El vientre blanco es una característica del gerbillo salvaje

Los predadores

Ciertamente, para los gerbillos en cautividad son muy pocos. Sin embargo, muchas características físicas del gerbillo tienen como fin permitirle que escape de sus atacantes. Las variaciones del color, por ejemplo, no son caprichos de la naturaleza. Los gerbillos adoptan el color del suelo en el que viven. Con respecto a esto, los criaderos han llevado la contraria a la sabia naturaleza: existen gerbillos de colores muy variados (¡aunque todavía no los haya a juego con nuestra moqueta!). En la naturaleza, los colores beis son los que predominan: así, consiguen escapar de las miradas de las aves rapaces. Si nos paramos a observar un poco, veremos que el extremo de la cola, llamado *plumero*, es a menudo de un color diferente. Se trata de un buen truco: el predador se siente atraído por ese «objeto» que se mueve, lo intenta sujetar y cuando lo muerde, el gerbillo ya se ha escapado. En efecto, este extremo se separa del conjunto del cuerpo. Parece ser que los animales de criadero ya no tienen esa capacidad, puesto que podemos sujetarlos tranquilamente por la cola.

Las orejas de los gerbillos están muy desarrolladas y oyen perfectamente los ruidos, sobre todo cuando los pájaros baten las alas.

Las comidas

En la naturaleza, los gerbillos se alimentan de plantas verdes en verano y de granos en las demás estaciones. Su grano preferido es la avena. Los granos secos les aportan poca agua, por lo que suelen buscar su comida por la mañana, cuando el rocío los ha humedecido, y luego los guardan en su profunda madriguera donde se conserva la humedad.

La mayoría de los gerbillos son, por lo tanto, vegetarianos, pero también suelen ingerir insectos o caracoles, como el gerbillo de Wagner, que vacía todos los caparazones de caracol que encuentra cerca de su madriguera.

La vida en familia

Algunos gerbillos viven en pareja, otros en grupo y otros viven solos. Esto depende sobre todo de la facilidad para encontrar comida en las regiones en las que habitan. En los desiertos, la comida no siempre es fácil de encontrar, no hay suficiente para todo el mundo. La solidaridad requeriría que se cazara en grupo, y la naturaleza ha decidido que es más fácil cazar cada uno para sí mismo. Los gerbillos de las regiones muy áridas se desenvuelven por lo tanto solos, a diferencia de sus primos que viven en la sabana, donde la comida es más fácil de encontrar: en estos, las estructuras familiares son más frecuentes.

Los gerbillos «de compañía» son los más evolucionados en el plano social, y en las madrigueras viven familias enteras.

En general, los grupos están formados por tres machos adultos, cinco hembras adultas y varios jóvenes de distintas edades. Los gerbillos que no pertenecen al grupo son expulsados.

Por ello, se aconseja comprar varios gerbillos, ya que su equilibrio es mejor viviendo en grupo.

La reproducción

La reproducción en cautividad es bastante fácil durante todo el año, pero en la naturaleza la sexualidad depende de las condiciones climáticas y de la edad de los animales. La alimentación es también un factor muy importante.

En las regiones en las que el alimento abunda durante todo el año, los gerbillos se reproducen en cualquier época y tienen como media dos o tres camadas al año.

En cambio, en las zonas desérticas, las crías nacen después de la estación de las lluvias.

Los recién nacidos son todos prematuros, nacen sin pelo y son muy sensibles a las variaciones de temperatura. En general, las camadas constan de entre cinco y ocho ejemplares.

La distribución

Los gerbillos se encuentran presentes en muchos territorios. Viven en África, al sur del Sahara, en las regiones de las estepas, en la sabana o en las regiones desérticas.

También se encuentran en el sudoeste asiático, Somalia y Kenia, y en las estepas de Asia Central (sector privilegiado del gerbillo de Mongolia, la especie de gerbillo más extendida como animal de compañía).

PARA RECORDAR	
Vida salvaje	*Adaptación en cautividad*
Excavación de madrigueras	Poner tierra en el fondo de las jaulas. Construir módulos
Vida en grupo	Tener por lo menos dos gerbillos
Muy sensible al clima	Comprobar siempre la temperatura

El gerbillo entre sus congéneres

Existen numerosas variedades de gerbillos, pero el de compañía por excelencia es el gerbillo de Mongolia.

Estudiaremos por lo tanto esta variedad para conseguir encuadrar mejor sus necesidades en cautividad, pero abordaremos los demás gerbillos en el capítulo «Las diferentes especies» para llegar a conocer a toda la familia.

La clasificación

Todos los animales constituyen el reino animal, que se opone al reino vegetal y al reino mineral. Los animales se clasifican en función de sus particularidades anatómicas, fisiológicas o morfológicas. Es muy interesante conocer el lugar que ocupa un animal en esta clasificación, puesto que esto permite comprender de dónde proceden ciertas adaptaciones del comportamiento.

La clasificación de los animales se ha realizado ya hace mucho tiempo. Se pueden encontrar en la Tierra más de un millón doscientas mil especies animales.

A partir de ahí, si se descubre un nuevo animal, habrá que clasificarlo en función de criterios morfológicos, anatómicos y fisiológicos precisos.

También se pueden conocer los detalles comunes de un animal con otros del mismo grupo. Existen muchas subdivisiones y clasificaciones, que parten de una: la que diferencia los seres unicelulares de los pluricelulares.

FICHA TÉCNICA DEL GERBILLO DE MONGOLIA

Nombre científico

Meriones unguiculatus *(mérione de Mongolia)*
Existen gerbillos de color y gerbillos comunes.

Comportamiento

El gerbillo es muy sociable y fácil de cuidar. Puede emparejarse (para toda la vida) o vivir en grupo. Le gusta excavar madrigueras.

Forma de vida en cautividad

• *Tamaño de la jaula: 60 x 30 x 30 cm.*

• *Suelo: virutas, arena, serrín de madera.*
Puede cambiarse cada 15 días, puesto que los gerbillos beben muy poco, orinan poco y sus deposiciones son secas.

Reproducción

• *Madurez sexual a los 2 meses.*

• *Periodo de reproducción: primavera-verano.*

• *Número de crías en cada camada: de 4 a 5.*

• *Duración de la gestación: 25 días.*

• *Periodo de lactancia: 4 semanas.*

• *Peso al nacer: 3 gramos.*

• *Final de la reproducción a los 18 meses.*

• *Determinación del sexo: la distancia entre el ano y los genitales es dos veces más grande en el macho.*

Esperanza de vida

• *De 2 a 4 años.*

Nosotros empezaremos con la clase que representan los mamíferos. Son vertebrados que regulan su temperatura corporal, que dan de mamar a sus crías y que se ocupan de ellas hasta el destete.

Normalmente tienen pelo, garras y uñas. Su aparato digestivo y res-

A los gerbillos les gusta vivir en grupo

piratorio presenta ciertas similitudes.

Un roedor

En la clasificación zoológica, los roedores son un orden que se encuentra dividido en subórdenes y luego en familias.

El suborden al que pertenece el gerbillo es el de los miomorfos; luego nos encontramos la superfamilia, la familia, la subfamilia, el género y la especie.

Meriones unguiculatus es el nombre científico del gerbillo de Mongolia, que es la especie de gerbi-

Clase	Mamíferos
Infraclasse	*Euterios*
Orden	*Roedores*
Suborden	*Miomorfos*
Superfamilia	*Múridos*
Familia	*Cricétidos*
Subfamilia	*Gerbílidos*
Género	*Meriones*
Especie	*Unguiculatus*

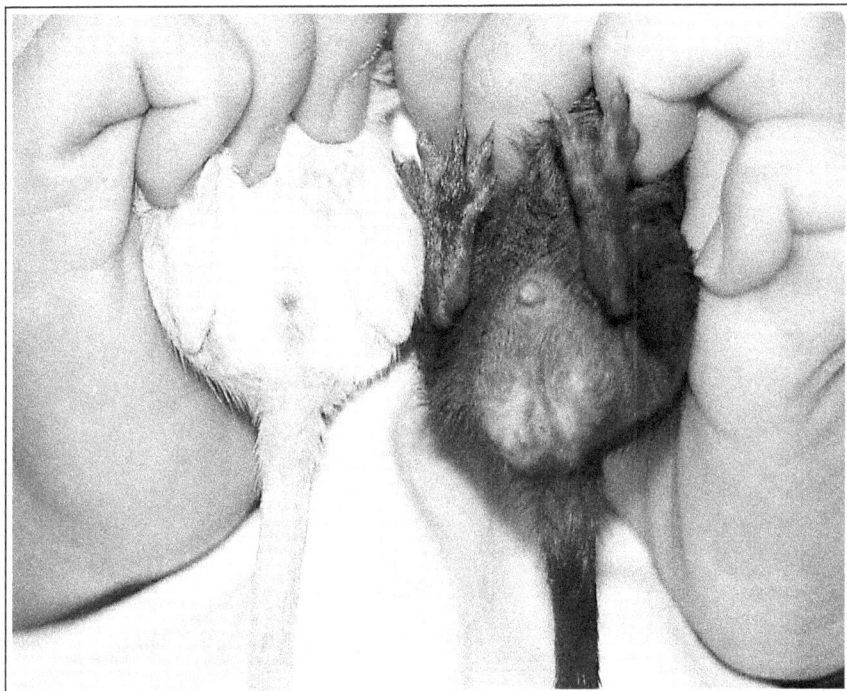

Diferencia entre una hembra y un macho

llo más extendida. En el nombre científico de los animales, el primer término designa siempre el género y se escribe en mayúscula, mientras que el segundo designa la especie y se escribe con inicial minúscula.

¿DÓNDE ESTÁN LOS DEMÁS?

Para entender el interés que tiene conocer la clasificación, vamos a poner a todos los roedores conocidos en relación unos con otros.

• Suborden de los esciuromorfos:
a) familia de los esciúridos: ardilla de Corea; ardilla gris;
b) familia de los castóridos.

• Suborden de los miomorfos:
a) familia de los dipódidos: gerbillo;
b) familia de los múridos:
— subfamilia de los cricétidos: hámster dorado;
— subfamilia de los gerbílidos: gerbillo;
— subfamilia de los múridos: ratón y rata.

Unos bonitos ejemplares representativos de la variedad de colores de los gerbillos

• Suborden de los histricomorfos:
a) familia de los cavíidos: conejillo de India;
b) familia de los chinchílidos: chinchilla.

Un mamífero

Salvo excepciones, los mamíferos tienen un cuerpo casi cilíndrico, una cabeza, cuatro miembros y una cola. Ciertos órganos como la nariz, las orejas y los ojos están poco o muy desarrollados según el medio en el que vive el animal. Ya veremos que el gerbillo se ha adaptado muy bien al medio desértico, cálido y seco.

El pelaje es una de las constantes en los mamíferos, excepto en los cetáceos. Existen dos tipos: pelos largos en una superficie brillante y pelo de borra corto, fino y muy suave.

En las grandes especies, el sentido del crecimiento del pelo es vertical (de arriba hacia abajo), y en las pequeñas es horizontal (de delante hacia atrás). si observamos bien el gerbillo lo comprobaremos.

Existe una cierta variación en la adaptación del pelaje: los pelos pueden transformarse en púas, escamas, etc.

El gerbillo, roedor de lugares desérticos, tiene poco pelo pero la capa córnea de la piel es más espesa para evitar las pérdidas de agua.

Se trata de características que pueden desaparecer en los animales de cría que no tienen las condiciones climáticas naturales, pero no nos tenemos que extrañar de que un gerbillo no tenga un pelaje de chinchilla denso y grueso.

El color del pelaje también puede variar mucho de un mamífero a otro, pero a menudo depende de su entorno natural.

Generalmente, el dorso es más oscuro que el vientre.

Los roedores que viven en los desiertos tienen a menudo un pelaje muy pálido, en tonos leonados parecidos al color de la arena. Los animales que viven en los bosques tienen colores mucho más oscuros.

Por lo tanto, los gerbillos negros son producto de cruces llevado a cabo con éxito por los criadores. Es muy raro ver un color de este tipo en la naturaleza.

Existen pocas diferencias de color entre el macho y la hembra en los mamíferos, al contrario que en los pájaros.

Los dientes son el elemento más variable en función del régimen alimentario.

La fórmula dental fundamental es la siguiente:

3I	1C	4P	3M
3I	1C	4P	3M

Una fórmula dental se expresa siempre refiriéndose a media mandíbula. «3I» significa, pues, que existen tres incisivos en la mitad de la mandíbula superior; en total hay seis arriba y seis abajo.

En los roedores, la fórmula es la siguiente:

1I	barra	0C	1P	3M
1I	barra	0C	1P	3M

La barra es una zona de la mandíbula desprovista de dientes.

Los roedores sólo tienen por lo tanto dos incisivos. Los puristas dicen que el conejo no es un roedor, puesto que el incisivo de la mandíbula superior está desdoblado. Se trata de un lagomorfo.

Pasamos a continuación a la infraclase de los euterios. Sus características son de dos denticiones (joven y adulta), un único útero, un desarrollo embrional largo y la presencia de una placenta.

Infraclase de los euterios

Se trata de mamíferos vivíparos y placentarios (que dan a luz crías unidas a una placenta).

EL ORDEN DE LOS ROEDORES

Los roedores son en general de pequeño tamaño, viven en madrigueras, son huidizos y a menudo vegetarianos. Como hemos visto, su dentadura es muy especial con un único par de grandes incisivos en cada media mandíbula.

Los roedores se encuentran por todas partes y son muy prolíficos, lo que hace que no siempre sean muy apreciados. Existen más de mil setecientas especies repartidas en treinta y tres familias y trescientos cincuenta géneros.

Se clasifican en tres subórdenes: los esciuromorfos, los histricomorfos y los miomorfos, al que pertenece nuestro gerbillo.

LA FAMILIA DE LOS CRICÉTIDOS

Esta familia se define de forma científica según los siguientes criterios: canal infraorbital de forma normal, con una parte superior con sección redondeada.

Esto permite clasificar los animales en función de criterios morfológicos que pueden resultar poco interesantes para el propietario de un gerbillo, pero los criterios externos y las formas de vida comunes a la familia de los cricétidos sí son más interesantes.

Esta familia está formada por seiscientas especies que se reagrupan en cinco subfamilias: los cricétinos, los nesominos, los lofiominos, los micrótinos y los gerbílinos (en esta última es en la que se sitúa el gerbillo).

En esta familia, la mayoría de los animales son terrestres pero algunos son anfibios. Su gestación dura de veinte a treinta días.

Las diferentes especies

Las especies

Como ya hemos dicho, el gerbillo de Mongolia es el más extendido como animal de compañía pero hay otras muchas especies que es interesante conocer.

También hablaremos en este capítulo de los jerbos, a los que muchos suelen confundir con los gerbillos.

Existen 80 especies de gerbillos repartidas en quince tipos. Todos forman parte de la subfamilia de los gerbílinos.

El tamaño oscila entre los 6 y 7 centímetros de longitud de los gerbillos enanos, con una cola de 7 a 10 centímetros y un peso de 8 a 11 gramos, a los 15-20 cm de longitud con una cola de 16-22 cm y un peso de 115-190 g del resto de las especies. El periodo de gesta-ción es para todos de 21-28 días, y en libertad pueden alcanzar hasta los dos años (en cautividad la longevidad es superior, pues están menos expuestos a los peligros externos).

Los quince tipos de gerbillo que se hallan subdivididos en especies son los siguientes (tomaremos algunos ejemplos de especies precisas para indicar las diferencias en la forma de vida y también en la adaptación al medio).

• *Ammodilus imbellis*
Vive en Kenya, en Somalia y en Etiopía, en las regiones de las estepas y en el desierto.

• *Brachiones przewalskii*
Se encuentra en el norte de China y en Mongolia.

Algunos gerbillos beis pueden tener los ojos rojos

• *Desmodilliscus braueri*
Vive en Senegal, en las regiones desérticas pero también en algunos prados.

• *Desmodillus auricularis*
Vive en los desiertos del sur de África.

• *Dipodillus*
Este tipo reagrupa tres especies que viven en el Sahara.

Dipodillus maghrebi vive al norte de Marruecos, en zonas pedregosas. Consigue cavar madrigueras para esconder a sus crías. Es muy activo durante la noche.

• *Gerbillurus*
Cuatro especies forman este grupo y viven en el África austral.
Gerbillurus paeba es más conocido con el nombre de *gerbillo pigmentado de África del Sur.* Vive en el suroeste de Angola. Mide unos 8 o 9 centímetros y su cola presenta una longitud de 7 centímetros. Cava madrigueras en varios niveles para asegurarse una buena ventilación. Realiza cuevas en el subsuelo para almacenar la comida.

• *Gerbillus*
Este grupo comprende treinta y cuatro especies distintas que viven en zonas muy diversas. Las encontramos en el Próximo Oriente, en el norte de África, en la India y en Irán, esencialmente en las regiones desérticas. Uno de los gerbillos de este grupo es el *Gerbillus campestris* o gerbillo del campo. Su cuerpo mide de 10 a 14 centímetros y su cola 11 o 12 centímetros. Este gerbillo vive grupos de unos diez individuos en madrigueras cavadas en la arena. Come insectos y granos.

• *Meriones*
Este grupo es el que más nos interesa. Comprende catorce especies que viven en el norte de África, en Turquía, en Mongolia y en el norte de China.
Meriones unguiculatus forma parte de este tipo: se trata de nuestro gerbillo de Mongolia.

• *Microdillus peeli*
Se encuentra en Kenya, Somalia y Etiopía.

• *Pachyuromis duprasi*
Lo encontramos en los desiertos del norte de África. Se le conoce más con el nombre de ratón de cola grande. Hace reservas de grasa en su cola en previsión de los momentos más difíciles en los que fallará la comida, pero algunas veces estas reservas no le permiten desplazarse con normalidad.
Come insectos y sus grandes orejas le permiten localizarlos gracias al ruido que hacen durante la noche.

• *Psammomys*
Este tipo reagrupa dos especies que viven en las regiones desérticas del norte de África.
Psammomys obesus, como su nombre indica, a veces es obeso. Hace reservas de comida en su cuerpo y pasa los días buscando alimentos.

• *Rhombomys opimus*
Se trata del gerbillo gigante que se encuentra en Rusia, en Mongolia y en China.
Su cuerpo mide de 16 a 20 centímetros. Es capaz de soportar inviernos muy fríos y veranos muy calurosos. Se adapta a todo. En Rusia supone un verdadero problema, pues ataca los cultivos. Los búhos y otras rapaces se alimentan

con ellos, pero debido a su importante fecundidad su número no desciende demasiado.

En estos parajes no se considera un NAC.

• *Sekeetamys calurus*
Egipto, Israel, Jordania y Arabia Saudita son sin duda sus regiones predilectas.

• *Tatera*
En África y en Asia viven nueve especies.

El gerbillo de la India o *Tatera indica* es bastante grande. Mide de 15 a 21 centímetros y tiene una cola de 25 centímetros.

Estos gerbillos se reproducen durante todo el año y, cuando les falta la comida, invaden los campos y los jardines. Aquí tampoco son muy apreciados por los habitantes.

Otro gerbillo de este grupo es el gerbillo de Guinea. Es muy buscado por los científicos, ya que todos los individuos de este grupo se suelen parecer como gotas de agua, debido a que todos tienen las mismas características genéticas. Por ello, forman una especie muy estudiada por los investigadores.

• *Taterillus*
Este grupo está formado por siete especies, en el que las dos más conocidas son el gerbillo de Emin y el gerbillo de Harrington.

Su territorio es Senegal.

El jerbo

Se trata de vertebrados, mamíferos, del orden de los roedores y del suborden de los miomorfos; sin embargo, los gerbillos pertenecen a los cricétidos, pero los jerbos pertenecen a la familia de los dipódidos.

El nombre científico del jerbo del desierto es *Jaculus jaculus*.

Presenta unas patas posteriores muy desarrolladas, que le dan el aspecto de un mini canguro.

Su cuerpo mide de 10 a 15 centímetros, y su cola de 15 a 25 centímetros.

Se considera un animal bípedo. Sus patas posteriores son útiles para caminar y para saltar, y sus patas anteriores las utiliza como manos para alimentarse, cavar o limpiarse.

Se encuentra una representación de este animal en un jeroglífico del antiguo Egipto, simbolizando la rapidez.

Existen diversas variedades de jerbos que viven esencialmente en África y en Asia en las regiones desérticas.

Debido al calor que hace en las zonas donde habitan, son animales de actividad nocturna. Pasan el día en el fondo de su madriguera, donde la temperatura es de 25 C.

La gestación suele durar cuarenta días, y la hembra tiene entre dos y cuatro crías que pesan al nacer 60 o 70 gramos.

Los jerbos, a diferencia de los gerbillos, no suelen hacer reservas de comida en su madriguera, y viven entre seis y siete años.

Por lo que respecta al jerbo-liebre, se trata de un roedor que pertenece también a la familia de los dipódidos. Su nombre científico es *Alactagulus pumilio*. Sus patas posteriores le permiten saltar sobre la arena. Es muy pequeño (sólo mide 10 centímetros).

Algunas nociones fisiológicas

El equilibrio de un NAC sólo se asegurará en cautividad si se parte de un conocimiento perfecto del animal y se cumplen permanentemente las exigencias que implica la posesión de este tipo de animales (limpieza de la jaula, agua siempre a su disposición y temperatura adecuada).

El respeto de su forma de vida es indispensable para su equilibrio, y esto sólo puede asegurarse conociendo muy bien cómo funciona el animal.

La morfología

El gerbillo normalmente es de color marrón, aunque desde que ha pasado a formar parte de la categoría de animal de compañía se han desarrollado especímenes de color blanco o negro.

Se caracterizan por la longitud de su cola, que supone el 25 % de la longitud total del cuerpo al nacer, y luego el 90 % en los ejemplares adultos.

Las patas anteriores poseen cuatro dedos, y las posteriores, en cambio, presentan cinco.

Las garras están muy desarrolladas para permitirles cavar las madrigueras.

Las patas posteriores están adaptadas al salto. Esta forma de desplazarse es muy importante que la tengamos en cuenta en el momento de la compra de la jaula, que tendrá que ser más alta que ancha y preparada con planchas y largos trozos de madera.

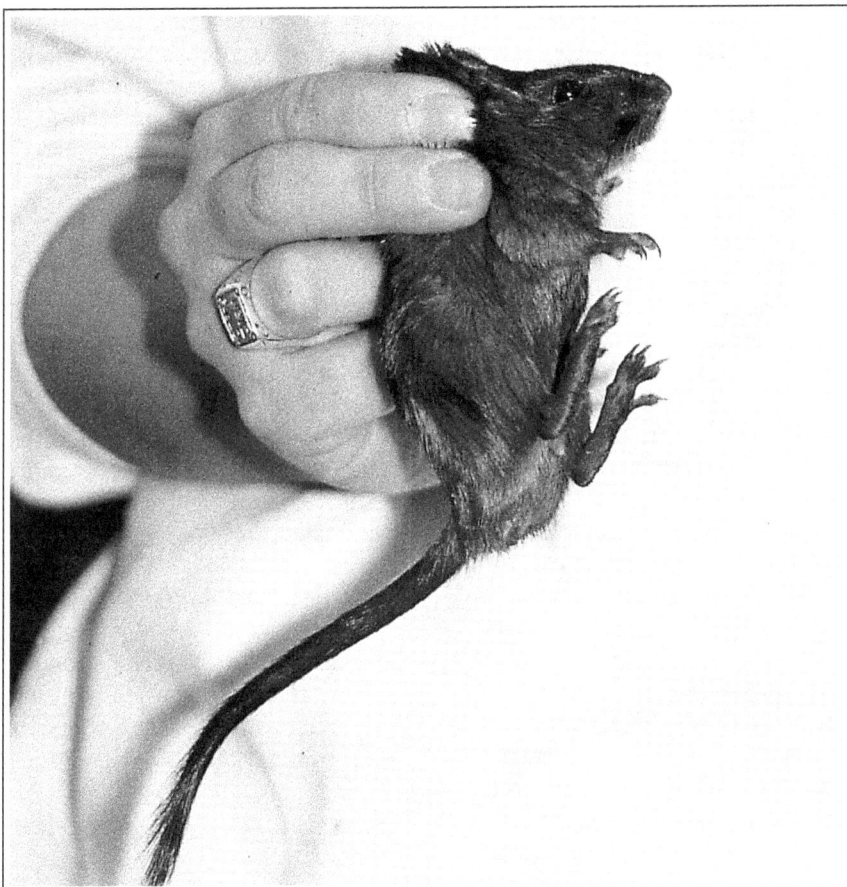

Aquí se ve la diferencia de tamaño entre las extremidades posteriores y las anteriores

El gerbillo puede efectuar saltos de tres metros de altura y seis metros de lado.

Su tamaño no suele superar casi nunca los veinticinco centímetros, incluida la cola, en los ejemplares adultos.

El macho pesa 70-90 g, y la hembra unos 70-80 g.

El esqueleto

Está compuesto por más de doscientos huesos. Se establece una diferencia entre el esqueleto axial, compuesto por la columna vertebral y por la caja torácica, y el esqueleto apendicular, constituido por los miembros.

Estos huesos no tienen la misma forma en todas las especies, y varían según sus necesidades para adaptarse al medio natural y al entorno.

EL CRÁNEO

Se divide en dos partes: la caja craneal, que encierra el encéfalo, y la mandíbula, cuya parte inferior o mandíbula inferior va unida al cráneo.

LA COLUMNA VERTEBRAL

Presenta cinco regiones: cervical (el cuello), torácica, lumbar, sacra y caudal. El número de vértebras es muy variable en función de las especies.

Los músculos

Los músculos de los miembros tienen un desarrollo específico en función de la forma de locomoción. El gerbillo tiene las patas posteriores muy desarrolladas y las utiliza para saltar. Los músculos son muy potentes. Es importante permitir que el gerbillo en cautividad pueda desplazarse así para que mantenga tonificados los músculos.

Los órganos

Puesto que el gerbillo es un mamífero, los órganos son los mismos que en los demás animales de este grupo. Pero su tamaño y a veces su posición varían. Además, algunos elementos están mucho más desarrollados que en otras especies.

La dentadura

Los roedores roen. Esto parece evidente, pero han sido necesarias muchas adaptaciones, sobre todo en los dientes, para asegurar esta función. Lo más característico por tanto en ellos es su dentadura, que es muy específica. Tres son las características más destacables.

EL NÚMERO DE DIENTES

Sólo presentan dos incisivos superiores, no tienen caninos y el número de molares es muy pequeño. La fórmula dental es la siguiente:

1I	0C	0PM	3M
1I	0C	0PM	3M

El gerbillo posee dieciséis dientes en total.

EL CRECIMIENTO

Un término científico, *hypsodontie*, significa que los incisivos tienen un crecimiento continuo. Así pues, crecen sin parar y han de desgastarlos por frotamiento (bien frotándolos los unos contra los otros o sobre una superficie dura). Hablaremos de nuevo de este aspecto, pero la dentadura ha de vigilarse de forma regular, ya que una mala oclusión puede conllevar la muerte del animal. En efecto, los dientes ya no pueden utilizarse y el gerbillo no consigue alimentarse.

UNA ÚNICA DENTADURA

La última característica es que los dientes no se caen en la edad adulta para ser sustituidos por otros: esto recibe el nombre de *monophyodontie*. Los incisivos salen a los doce días, los primeros molares a los veinte días y los demás molares a los treinta días.

La mandíbula

Su potencia es muy importante para poder roer, y esto se puede comprobar si se deja al gerbillo en libertad: atacará siempre estructuras mucho más «fuertes» que él sin complejos. El músculo de la mandíbula recibe el nombre de masetero, y se encuentra muy desarrollado en los roedores.

Los movimientos de la mandíbula se realizan sobre todo desde delante hacia atrás, y no de derecha a izquierda.

El sistema glandular

Existen tres tipos de glándulas en los mamíferos, repartidas en la piel: las glándulas sebáceas, que secretan el sebo, una sustancia protectora y aceitosa; las glándulas sudoríferas, que eliminan el sudor y permiten regular la temperatura corporal, y las glándulas odoríferas, que se utilizan para marcar el territorio.

Otro tipo de glándulas también son las glándulas mamarias.

El gerbillo no escapa de estas características. Los baños de arena le permiten eliminar el sebo que normalmente secreta en exceso en cautividad. En el desierto, estas glándulas son poco activas puesto que su objetivo es proteger al animal del frío. Las chinchillas secretan, por ejemplo, mucho sebo.

Por lo tanto, debemos mantener una temperatura no muy elevada para que puedan vivir en perfecto equilibrio.

LA ESPECIFICIDAD EN RELACIÓN CON LOS DEMÁS ROEDORES

Los gerbillos, tanto los machos como las hembras, poseen una glándula sebácea en la línea blanca del abdomen, aunque esta no presenta la misma forma en los dos sexos: en el macho, es alargada y anaranjada; en la hembra, es dos veces más pequeña. Esta glándula les permite marcar el territorio: para ello, el gerbillo frota su abdomen contra el suelo y deja una secreción aceitosa que huele bastante mal.

El sistema digestivo

Está constituido por la boca (que contiene glándulas salivares), la faringe, el esófago, el estómago y las últimas partes del tubo digestivo.

La cavidad abdominal está separada de la cavidad torácica por el diafragma; contiene el hígado y el páncreas, además del tubo digestivo. No hay ninguna particularidad que se deba mencionar respecto al gerbillo.

El sistema respiratorio

Las vías aéreas superiores están formadas por las cavidades nasales, fuentes de infección que provocan las rinitis.

La tráquea se extiende hasta los pulmones.

El pulmón derecho comprende cuatro lóbulos, y el izquierdo sólo posee tres.

El aparato genital

Los machos poseen dos testículos recubiertos de tejido graso. Presentan también una próstata, constituida por dos lóbulos.

El sistema genital de la hembra está formado por dos ovarios situados encima de los riñones.

El útero comprende dos cuernos que se unen a la altura de la vagina.

El gerbillo hembra posee cuatro pares de mamas, dos en el tórax y dos a nivel inguinal.

Los mutantes

Los mutantes manchados

Existen gerbillos manchados. Los machos tienen más manchas blancas que las hembras. Este pelaje recibe el nombre de pelaje pío.

Este carácter es dominante, con lo cual, si uno de los dos padres es pío, todos los pequeños lo serán también.

Los albinos

Estos gerbillos son blancos con los ojos rojos.

Parece ser que son algo menos propensos a sufrir epilepsia, una patología específica de estos animales, como veremos más adelante en el capítulo dedicado a las enfermedades.

Los mutantes negros

Estos gerbillos son negros pero pueden presentar una banda blanca en la garganta, en el pecho y en los

Un bonito gerbillo albino

Gerbillo albino en posición erguida

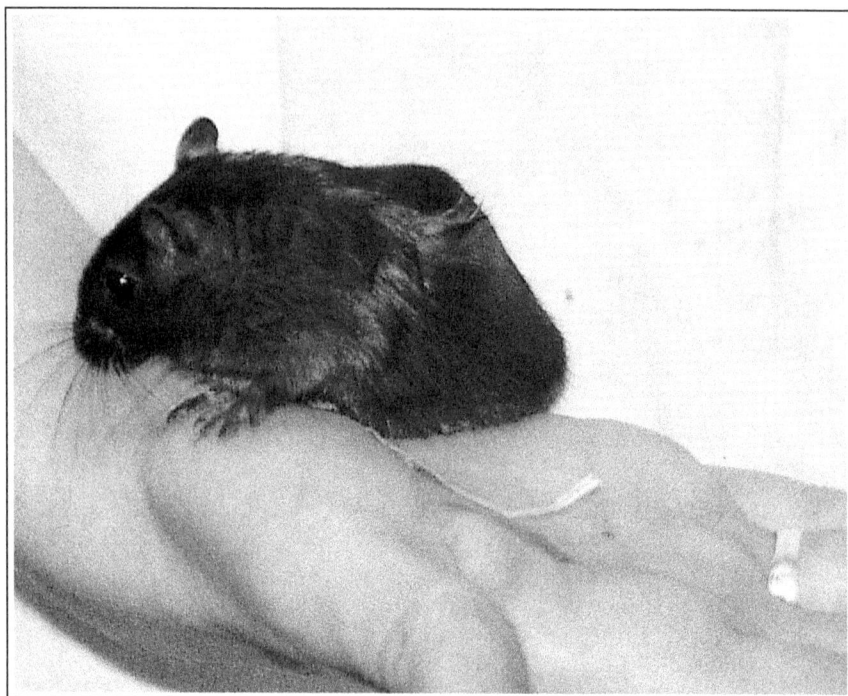

Gerbillo mutante negro

miembros anteriores.

Los mutantes desnudos

Se trata de hecho de gerbillos sin pelo como los perros sin pelo de México o los gatos sin pelo. Sólo presentan una pequeña capa de pelusa muy fina sobre la piel.

Estas mutaciones han sido observadas por primera vez en animales de laboratorio. Los criadores intentan diversificar los colores y las variedades, como ya lo hacen

con los ratones o los hámsters.

La fisiología

Los sentidos

Están más o menos desarrollados en función de la forma de vida del animal.

Es aquí donde nos damos cuenta de la necesidad de respetar las condiciones de vida naturales en cautividad.

En efecto, nuestro gerbillo que

es un roedor huidizo, tiene el oído muy poco desarrollado. Por lo tanto, será inútil que le demos un nombre y esperemos que nos responda. Podemos darle un nombre para satisfacer un capricho nuestro, pero no esperando sacar a esto una utilidad. Sin embargo, su olfato sí que está muy desarrollado, por lo que podremos utilizar un trozo de tela que tenga siempre el mismo olor para advertirle de nuestra llegada. Asimismo, luego mantendremos ese pedazo de tela en la mano cada vez que tengamos ganas de cogerlo.

Por lo que respecta a la vista, en este tipo de animales tampoco está muy desarrollada. Los accesorios (de la jaula) tienen que ser de colores muy intensos para que los vea bien. Pero el gerbillo será más sensible a la luminosidad de los colores intensos que al propio color.

Los únicos roedores que distinguen los colores son las ardillas rojas.

El ritmo de actividad

En la naturaleza, el gerbillo vive más por la noche que por el día, ya que es cuando hace más frío y además durante el día corre más riesgo de caer en las garras de los depredadores.

Este ritmo está «impreso» en el animal desde su nacimiento, pero nosotros podemos modificarlo de forma progresiva. Lo ideal sería mantener el gerbillo en la oscuridad durante algunas horas cada día los primeros días después de comprarlo.

Igualmente evitaremos manipular en exceso al animal.

ALGUNOS DATOS PARA COMPRENDER MEJOR EL METABOLISMO DEL GERBILLO

- *El peso de la hembra adulta es de 50-55 g; el del macho, de unos 60 g.*
- *La esperanza media de vida es de 3 años, con un máximo de 5.*
- *Consume 5 ml de agua por 100 g de peso, y come 7 g de comida diarios por cada 100 g de peso.*
- *Su temperatura normal es de 38 °C y su corazón late a 360 latidos por inuto.*
- *Para respirar, realiza de 250 a 600 movimientos por minuto.*

La adquisición de un gerbillo

La elección

¿Por qué comprar un gerbillo? Pensemos en el caso de un niño. Es interesante insistir sobre esta categoría de «pequeños amos» y sobre lo que un NAC, y en particular un gerbillo, puede aportarles.

Pensamos a menudo en las relaciones privilegiadas que el niño puede establecer con su mascota, pero se ha demostrado que el hecho de poseer un hámster, un conejillo de Indias o un gerbillo acerca también a los niños entre ellos. Además, permite a veces una relación más fácil con los padres. En efecto, el niño se expresa mejor gracias a este intermediario, pero debemos estar muy atentos y evitar culpabilizarlos demasiado o cargarlos en exceso de responsabilidades. El animal no debe convertirse en un punto de discordia si el niño no se ha ocupado correctamente de él. Las atenciones que requiera el animal han de ser resueltas por los niños y por los padres. Desde este punto de vista, el gerbillo es interesante porque no precisa muchos cuidados. Pero en los casos de niños menores de seis años, los padres tienen que asumir todos los cuidados: el niño se limitará a ver cómo vive su animal.

Un gerbillo resultará apasionante para un adolescente que se interese por la biología, puesto que su forma de vida es muy compleja y sus reacciones muy intensas, al contrario de lo que sucede con un conejillo de Indias, por ejemplo. Podemos acostumbrarlo a comportarse de una manera en concreto: la comunicación no es siempre fácil, pero con una buena dosis de observación, el amo podrá comprender a su animal.

Esto nos permitirá tener un pequeño roedor cuya longevidad es similar a la de los hámster o los cobayas, cosa que no debemos ignorar cuando estamos muy unidos a ellos.

TABLA COMPARATIVA DE LA LONGEVIDAD MEDIA DE LOS ROEDORES

Chinchilla	13 años
Cobaya	5 años
Ardilla de Corea	10 años
Gerbillo	4 años
Hámster	4 años
Conejo	8 años
Rata	3 años
Ratón	2 años

El gerbillo no aparece en los récord de longevidad, y esto debemos tenerlo en cuenta cuando escogemos al animal.

El gerbillo en los comercios

Los gerbillos han seguido el mismo desarrollo, como animal de compañía, que las chinchillas. Las ventas aumentan menos que las de las chinchillas, pero se trata de uno de los pequeños roedores que están de moda.

La gente se siente sobre todo atraída por su aspecto físico (diferente al de los demás roedores), por su vivacidad y por su pequeño tamaño.

Por otra parte, este animal no desprende ningún olor. Este detalle en particular lo utilizan mucho los vendedores como argumento decisivo en relación con el hámster, por ejemplo. En otro orden de cosas, se intentan crear variedades distintas. No se trata de manipulaciones genéticas monstruosas, sino simplemente de diversificar los colores. En la naturaleza, esto sería una verdadera catástrofe, puesto que las nociones de adaptación al medio ya no se respetarían. Pero un gerbillo blanco que es localizado enseguida por los predadores no está en peligro en nuestra casa. Por lo tanto, es muy importante que no dejemos nunca sueltos en el bosque a estos animales si ya no podemos ocuparnos de ellos, ya que estarían condenados. Un animal de compañía pierde su instinto de conservación en la naturaleza.

Al gerbillo no le interesa convertirse en un animal de moda, pues de esta forma sólo será adquirido por los conocedores de la especie o los entendidos, que sabrán observarlo.

La adquisición

Existen dos aspectos a tener en cuenta en el momento de comprar un gerbillo: el animal en sí mismo y todos los accesorios útiles para cuidarlo y para proporcionarle el equilibrio necesario.

Lo más difícil no es encontrar un animal, sino encontrar un gerbillo en perfecto estado de salud y no estresado, para que pueda adaptarse bien a sus nuevas condiciones de vida con nosotros.

Los particulares

Las personas que han adquirido una pareja de gerbillos normalmente acaban haciéndolos criar. Para ello no se requiere ninguna autorización especial, ya que este animal no se incluye en la Convención de Washington que protege los animales en vías de desaparición. Pero si lo que se desea es establecer un criadero en toda regla, será necesaria una autorización de los servicios veterinarios de la provincia donde lo vayamos a instalar.

Comprar un gerbillo a un particular es una buena solución, pero no debemos adquirirlo demasiado joven, para que podamos comprobar cuál es su carácter. Algunos ejemplares son a veces demasiado agresivos, y esto se aprecia en el destete, pero no antes. De la misma forma podremos elegir el que más

nos guste en una camada completa y obtenerlo en la época deseada.

Las tiendas de animales

Los principales lugares de venta son las tiendas de animales. En efecto, al contrario de lo que sucede con los gatos y los perros, los criadores de gerbillos suelen vender en pocas ocasiones directamente a particulares, y se limitan a facilitar estos animales a los comercios. Sólo podremos encontrar criadores en las exposiciones de animales.

Existen dos tipos de comercios que venden animales: las pequeñas tiendas de animales de barrio, y las grandes superficies en las que se venden todo tipo de animales de compañía y accesorios.

Las tiendas de animales actuales han realizado esfuerzos considerables para poner a la venta animales en buenas condiciones sanitarias, y se suelen ajustar con gran profesionalidad a las condiciones de higiene que imponen los servicios veterinarios. Todas, pequeñas y grandes, han comprendido el interés de vender animales sanos. Algunos pequeños comercios no pueden, aunque pongan la mejor voluntad, asegurar una óptima presentación de los animales en cuanto a estética se refiere (juguetes en las jaulas, etc.), debido a la falta de medios económicos; pero

Pequeños hámsters...
...o bonito gerbillo. Tenemos que estar seguros de la elección

si alguna de estas tiendas nos parece correcta no debemos dudar en comprar allí nuestro animal.

Para saber si la tienda cumple ciertas medidas de higiene, basta con observar el estado de los animales. Los roedores tienen que mostrase juguetones, y la jaula debe estar limpia. No es adecuado que haya muchos animales en una misma jaula, y los vendedores deben estar capacitados para darnos informes sobre la fisiología y el cuidado de estos.

Los animales no deben estar muy gordos, lo que significaría que están en la jaula desde hace mucho tiempo. En efecto, los criadores los suelen entregar muy pronto y crecen en las tiendas. Una animal acostumbrado a vivir en comunidad en una jaula tendrá más problemas para acostumbrarse a nosotros que un joven gerbillo que ha pasado poco tiempo en exposición.

Las exposiciones o las tiendas grandes de animales son los lugares más adecuados para la compra, pero también hay comercios pequeños que pueden resultar igualmente adecuados.

La compra

La adquisición de un gerbillo conlleva la compra de los accesorios necesarios para su cuidado. Debemos pensar en ello para determinar un presupuesto. El cuidado no su-

pondrá una gran inversión, pues solamente tendremos que comprar de forma regular virutas, comida y arena.

Los precios

Pueden variar de una tienda a otra, e incluso en una misma tienda dependiendo de la época del año. Las ofertas que a veces se encuentran no significan que el animal esté mal de salud: simplemente lo que ocurre a veces es que un animal de una cierta edad se vende un poco más barato que otros más jóvenes. Por otra parte, los ejemplares más corrientes suelen ser más baratos que las mutaciones más originales.

El estado de salud

Es muy importante saber apreciar el estado de salud de un gerbillo en el momento de la compra. Existen varios criterios para ello. En primer lugar examinaremos los ojos, que no deben presentar lagrimeo y tienen que estar muy abiertos. La nariz no debe estar sucia, ya que podría ser un síntoma de rinitis o de resfriado. Los cuartos traseros no deben estar sucios ni mojados, pues sería síntoma de diarrea.

El vientre tiene que resultar blando a la palpación con los dedos. La piel no debe presentar ninguna pérdida de pelos ni costra.

También hay que verificar el estado de las patas y de las garras.

Este examen general nos permitirá hacernos una idea rápidamente del estado de salud del animal, y al mismo tiempo el vendedor apreciará que somos observadores y capaces de detectar cualquier signo anormal.

Una vez elegido el gerbillo, pediremos al vendedor que nos lo deje coger, para poder valorar su temperamento. Normalmente son dóciles, y se dejan coger sin problemas; si no ocurre así, seleccionaremos otro ejemplar.

Las tiendas han de disponer de varios ejemplares.

FICHA DE COMPRA

1. Valorar la tienda
• *Las jaulas no deben estar excesivamente llenas.*
• *Los animales deben tener juegos a su disposición.*
• *El estado del pelo tiene que ser perfecto.*
• *No debe emanar ningún olor fuerte.*
• *Las virutas tienen que estar limpias.*

2. Valorar al vendedor
• *Ha de estar capacitado para responder a nuestras preguntas.*
• *Debe hacernos preguntas para asegurarse a quién vende el animal.*
• *Ha de rechazar vender un animal a un niño que va solo a la tienda.*

3. Valorar el animal
• *Debe dejarse coger con facilidad.*
• *No ha de tener aspecto feroz.*
• *No debe verse delgado*
• *No tiene que presentar ninguna enfermedad.*

4. Valorar la venta
• *Hay que pedir claramente las condiciones de garantía.*
• *Se nos ha de entregar un certificado.*

Las garantías

Este aspecto de la venta es muy importante. Tenemos que destacar que las tiendas de animales están sometidas a controles muy estrictos por parte de los servicios veterinarios. Algunos animales están protegidos por la Convención de Washington, es decir, tienen que haber nacido en criaderos para poder ser vendidos, y requieren papeles oficiales que provienen del criador. Los gerbillos no están sometidos a este reglamento, pero provienen todos de criaderos.

Los acuerdos entre el comprador y el vendedor en caso de enfermedad o de fallecimiento del animal tienen que ser establecidos por las dos partes en el momento de la venta. No existe ningún texto legal que regule el problema de las garantías en el caso de los roedores, a los que pertenece el gerbillo: cada tienda dicta sus leyes.

Por lo tanto, pediremos un certificado de venta a la tienda. Sólo este documento nos permitirá ganar en caso de litigio.

El certificado ha de redactarse de la siguiente forma:

Los abajos firmantes, apellido............, nombre. ....
certificamos haber cedido y entregado el ....
al Sr., Sra., Srta. ....
con residencia en ....
teléfono ....
un gerbillo que a continuación detallamos...............................
sexo..
nacido el ....
marcas particulares ....
color ....
cuyo precio se ha fijado en ....
Forma de pago .... el día ....

El gerbillo se ha entregado ese día al Sr., Sra., Srta.,
....

Leído y aprobado   Leído y aprobado

  el comprador   el vendedor

La compra de los accesorios

No hay que descuidar estas compras, porque aunque parezcan superfluas y un poco caras son fundamentales para garantizar el equilibrio de nuestra mascota.
Si nos planteamos comprar un gerbillo, lo mejor es que establezcamos un presupuesto antes de realizar la compra. Calcularemos el dinero que tendremos que invertir, sin olvidarnos de nada, y calcularemos también el coste de la alimentación, el heno, etc.
Es muy importante que el alojamiento se adapte al gerbillo, ya que es uno de los elementos fundamentales para mantener su salud. No puede vivir en la jaula de *Kiki*, el hámster que teníamos cuando éramos pequeños, así que tendremos que invertir en un hábitat apropiado para él.

La jaula

El volumen de la jaula se tiene que adaptar al tamaño del animal y a su forma de vida. El gerbillo es un pequeño roedor al que le gusta saltar y trepar. Así pues, la jaula tiene que ser alta, de rejilla fina para que no se escape. Un zócalo que pueda extraerse como si fuera un cajón facilita mucho la limpieza. Las que llevan ruedas representan una gran inversión, pero son perfectas para criar varios ejemplares. La jaula tiene que colocarse en un lugar de la casa que sea tranquilo, seco, ventilado, sin corriente de aire y protegido de la luz directa del sol. El sustrato se ha de cambiar una vez a la semana a ser posible, o cada quince días; a continuación se ha de lavar bien la jaula con agua jabonosa durante por lo menos tres

La jaula ideal: alta, espaciosa y bien arreglada

cilmente y absorbe los orines, lo que hará que al cabo de un tiempo el olor sea muy desagradable. La resistencia del material también es muy importante, puesto que el gerbillo es un roedor. Es mejor elegir el metal.

Hay que tener cuidado con la rejilla que constituye el fondo de la jaula: el gerbillo tiene las patas posteriores muy frágiles y puede quedar fácilmente atrapado entre los barrotes. Es preferible que el fondo sea metálico y extraíble, como un cajón. Esto facilita la limpieza.

Antes de comenzar habrá que realizar un plano: lo mejor es construir numerosas madrigueras y salas diferentes.

Una jaula con ruedas puede ser muy práctica para desplazarla en función del sol, por ejemplo.

minutos, insistiendo en los rincones en los que el gerbillo puede haber escondido alimentos.

Manos a la obra

Los amantes del bricolaje sin duda enseguida pensarán en sustituir la pequeña jaula de plástico por una gran jaula fabricada por ellos mismos. En ese caso, hay que elegir bien los materiales que se van a utilizar. La madera no se limpia fá-

El terrario

A todos los roedores, y en particular al gerbillo, les gusta cavar. El terrario es, por lo tanto, una buena solución. El suelo estará compuesto de una tierra arcillosa con arena, gravilla, piedras, ramas de árboles y plantas. Una capa de dos o tres centímetros aproximadamente les permite cavar.

Hay que ir con cuidado al escoger el contenedor. Puede ser de cristal, como un acuario, pero ha de tener las paredes bastante altas y, sobre todo, una rejilla encima para impedir que el gerbillo se escape. Lo ideal es fabricar un hábitat a la medida, puesto que no es fácil encontrar un terrario que tenga estas características: los grandes terrarios para reptiles tienen a menudo paredes muy bajas.

No hay que utilizar materiales frágiles para los puntos de unión.

Los árboles del centro se tienen que fijar en un tubo para que no caigan sobre los animales.

Esta es la solución que se tiene que adoptar cuando se tienen muchos gerbillos y sobre todo mucho

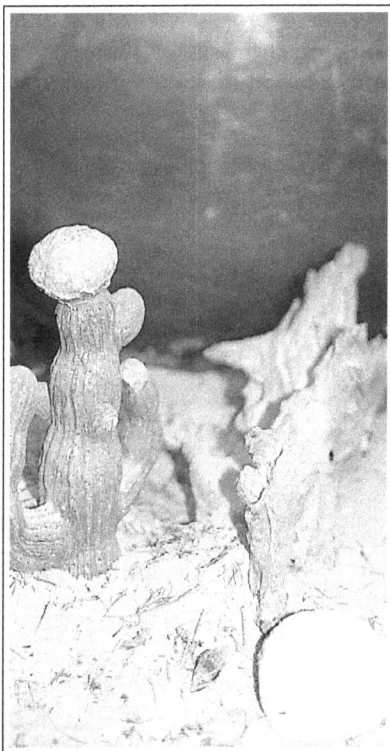

Modelo de terrario para animal huidizo

Los módulos de madriguera se inspiran en el hábitat del gerbillo en estado salvaje

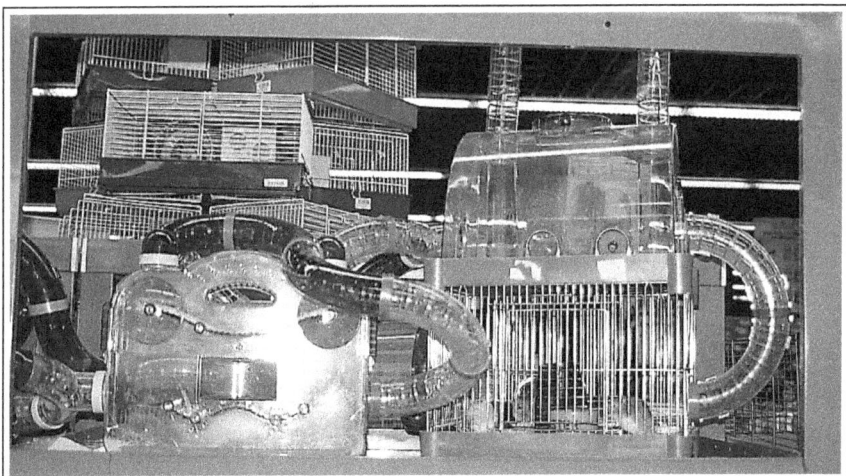

espacio. Su forma de vida natural es así mucho más fácil de reconstruir y los animales se encuentran mucho mejor.

El sustrato

El sustrato debe tener las siguientes propiedades: ser absorbente, desprender poco polvo y absorber los olores de orina (aunque el del gerbillo no desprende mucho olor).

Las virutas no son lo más adecuado, y dentro de estas se prefieren las de cedro, pues huelen mejor y pueden ser utilizadas como decoración del fondo de la jaula.

El gerbillo es muy limpio; la cama puede cambiarse sin problema cada quince días.

Para evitar cualquier infección, el sustrato tiene que estar siempre impecable

Los contenedores de arena

Son muy útiles para las chinchillas y los gerbillos. Se puede mezclar arena con talco (a partes iguales). El animal se reboza en la arena colocada en un gran recipiente, en el centro de la jaula. Estos baños le permiten eliminar el exceso de sebo del pelaje, y a continuación se puede comprobar lo brillante que se ve el pelo. Además, esto permite también al gerbillo poner en práctica un comportamiento que desarrolla en estado natural. No insistiremos nunca lo suficiente sobre la importancia de reproducir las condiciones de vida lo más cercanas posibles a las condiciones natura-

La arena tiene que renovarse de forma regular

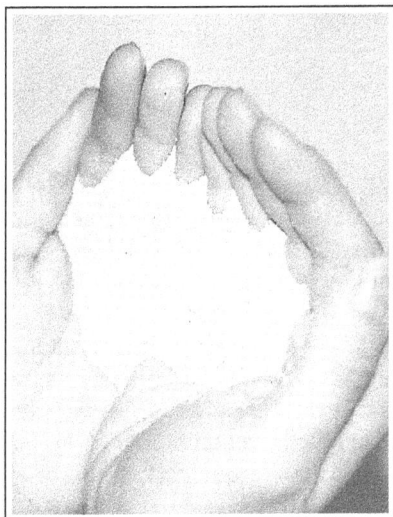

les para el perfecto equilibrio de estos animales. La arena tiene que cambiarse cada quince días para evitar el desarrollo de parásitos.

Las piedras para roer

Estas piedras suelen ser indispensables para los cobayas y los conejos; también los gerbillos, como ya hemos visto, tienen dientes que crecen de forma permanente como todos los roedores. Además, a menudo padecen defectos en el cierre de la mandíbula, con lo cual los dientes no quedan en contacto unos con otros y no pueden desgastarse. Por ello, crecen sin cesar y llega un momento en que el animal ya no puede alimentarse. La piedra les permite desgastar los dientes, al frotarlos contra ella.

El heno permite también a los gerbillos alimentarse de forma permanente y por lo tanto gastar los dientes, sobre todo los molares.

Los juguetes

Los juegos y los escondrijos son muy importantes para el equilibrio del animal, sobre todo si está solo. Existen módulos completos.

El mantenimiento de este tipo de «madriguera» es muy importante para que no se desarrollen micosis. Para una correcta higiene tendremos que desmontarla completa-

El gerbillo necesita hacer ejercicio

mente y luego limpiar a fondo cada elemento.

Los gerbillos prefieren todo lo que son escondrijos y madrigueras, en lugar de ruedas o de escaleras, más apreciadas por los hámsters.

Se pueden fabricar fácilmente por ejemplo con botellas pequeñas de agua mineral, cortándoles los extremos; luego se han de limar bien los bordes para que el gerbillo no se haga daño, se colocan en la jaula y se deja un poco de algodón a su disposición. Rápidamente, el gerbillo reconstituirá una madriguera con zonas delimitadas: habitación, reserva de comida, etc. Además, la ventaja de las botellas de plástico es que podremos ver al animal a través de ellas.

Los bebederos y los comederos

Vigilaremos dónde los ponemos: no estarán ni muy altos ni muy bajos.

La pipeta para el agua se engancha en la jaula a una altura accesible al roedor. Estas pipetas se prefieren a los demás recipientes, puesto que en ellas el agua para beber se conserva siempre limpia.

Los recipientes de comida se han de sujetar de forma muy sólida para que no se vuelquen, y se tienen que colocar a una altura suficiente como para que el animal no haga sus necesidades dentro.

El agua tiene que cambiarse todos los días, aunque beba poco.

Los refugios

Son fundamentales para el equilibrio de los gerbillos, a los que les gusta refugiarse, sobre todo si no pueden cavar madrigueras. Habrá que colocar un poco de algodón o pequeños fragmentos de madera para que puedan instalarse.

FICHA PRESUPUESTO INDICATIVO (en pesetas)

El gerbillo común *1.500*

De color *2.000*

La jaula *10.000*

El terrario *4.000*

El sustrato *500*

El heno *700*

Los alimentos *600*

Las vitaminas *450*

Las golosinas *380*

La arena *600*

Los juegos (rueda) *1.000*

Los refugios .....de 500 a *2.500*

Los comederos ....de 350 a *700*

Los bebederos *450*

El gerbillo en casa

¿El gerbillo puede convivir con otros animales? ¿Se puede tener sólo uno o es mejor tener varios? Es muy importante respetar las asociaciones entre animales para asegurar un comportamiento normal. En efecto, los animales que en la naturaleza suelen vivir en grupo se sentirán muy desgraciados si tienen que vivir solos en una jaula, aunque les demos mucho cariño.

Uno o varios

Es preferible tener por lo menos dos gerbillos en una jaula, ya que uno solo se puede aburrir y puede llegar a debilitarse. Siempre que sea posible, lo ideal es tener varios, ya que así se forman grupos y se reconstruyen casi a la perfección las condiciones naturales. Pero debemos tener cuidado, porque igual nos toca jugar el papel de árbitros. Sería imprudente dejar cuatro o cinco gerbillos que no han vivido nunca juntos en una jaula sin controlar sus reacciones. Las peleas suelen surgir rápidamente en caso de desacuerdo. La mejor solución es comprar varios gerbillos a la vez en la misma tienda de animales, ya que así ya estarán acostumbrados a vivir juntos.

Pero incluso en ese caso aparentemente ideal, el grupo inicial puede verse desestabilizado.

Tiene que ponerse a su disposición un espacio suficientemente grande con numerosos refugios.

Si optamos por dos gerbillos, elegiremos un macho y una hembra. Evidentemente, existe el ries-

Para su equilibrio en cautividad, el gerbillo necesita compañía

go de que tengan crías rápidamente, pero los adultos estarán más contentos de esta forma. Todos los tipos de gerbillos se entienden entre sí, independientemente de cuáles sean sus colores y variedades.

Los demás compañeros

Es muy difícil hacer que un gerbillo conviva con un animal de otra especie en la misma jaula. Las formas de vida son en efecto muy distintas, y una de las dos especies no estará contenta. Incluso la chinchilla, que vive en las regiones desér-

ticas y que tiene ciertos comportamientos similares (como el gusto por los baños de arena) no puede cohabitar nunca con un gerbillo. Los hámsters, que son nocturnos, tampoco suelen soportar muy bien a nadie. Los únicos roedores que viven en el mismo espacio son el conejo y el conejillo de Indias.

Es muy difícil acostumbrar al gerbillo a que acepte a un animal de otra especie, puesto que el periodo de socialización es muy corto y se suele situar justo antes del destete. A menos que el gerbillo haya nacido en nuestra casa, cuando lo compramos ya ha pasado este periodo.

Cuando se forma una pareja, es para toda la vida

Si tenemos un gato o un perro debemos tener mucho cuidado, pues los movimientos rápidos del gerbillo los pondrán muy nerviosos; tendremos que actuar acostumbrando al perro o al gato a su presencia.

La manipulación

Cuidar de un animal implica no asustarlo, no hacerle daño y conocer las maniobras útiles para poder observarlo en caso de enfermedad. No podremos observar las garras de un gerbillo si no sabemos cómo sujetar el cuerpo y las patas.

Podemos coger sin miedo un gerbillo por la base de la cola, porque esta no se rompe como sucede con otros roedores (el degú, por ejemplo).

Una vez que lo tenemos sujeto por la cola, lo colocaremos en porta estar panza arriba, que intenta girarse y escapar. Antes de sacar a un animal de su jaula hay que hablarle, acariciarlo y dejar que olfatee nuestros dedos; luego lo sujetaremos. Si el gerbillo no se deja coger, no insistiremos y volveremos a intentarlo al día siguiente: no sirve de nada que intentemos acorralarlo en la jaula, pues así acabaremos consiguiéndolo pero cada vez nos costará más. No hay que olvidar que la finalidad es amaestrar al gerbillo, no someterlo.

El hábitat

Hemos hablado del hábitat en libertad y hemos demostrado que reconstruir esta forma de vida en cautividad es imposible, pero que hay que acercarse lo máximo posible para asegurar un equilibrio vital para nuestro gerbillo.

Hay que tener en cuenta todo: la temperatura, la luz, la humedad, la situación de la jaula... Veamos los parámetros vitales, es decir, las normas que se tienen que respetar para que el animal se sienta en plena forma y resista así más fácilmente las enfermedades.

En esta posición el animal no sufre nada

nuestro brazo y lo tranquilizaremos. También podemos cogerlo poniendo una mano sobre su lomo y rodeándolo con los dedos, pero teniendo en cuenta que no so-

La humedad

Se tienen que respetar los niveles adecuados de humedad y la tempe-

Un recipiente de barro cocido, túneles, madera y sustrato limpio... el entorno perfecto para el gerbillo

ratura en la habitación. La humedad debe situarse entre un 30 y un 50 %. Un nivel de humedad demasiado alto hace que su pelaje aparezca enmarañado; un nivel demasiado bajo no asegura su equilibrio. Si el aire no es suficientemente húmedo, podemos colocar sobre la jaula un recipiente lleno de agua que se evaporará poco a poco e incrementará de esta forma la humedad ambiental.

Podemos recurrir a esto cuando haga mucho calor y el aire esté muy seco.

La temperatura

Para el gerbillo, la temperatura puede oscilar entre 18 y 29 C. Este animal no se aletarga durante el invierno, por lo que no debemos dejarlo en el exterior. Tampoco soporta los fuertes calores. Es importante que la temperatura sea estable, puesto que diferencias muy importantes disminuyen su resistencia. En la naturaleza, los cambios en el clima se compensan con la vida en la madriguera, donde la temperatura es estable.

La luz

El gerbillo, en su medio natural, opta por la vida en madrigueras, y por ello no está muy expuesto a la luz. Por lo tanto, no deberá estar sometido todo el día a los rayos del sol ni a una luz artificial demasiado fuerte.

La jaula

Los gerbillos viven muy bien en grupo, en jaulas y en terrarios.

Debemos poner siempre una capa de por lo menos 2 cm de tierra o de sustrato, para que pueda cavar una madriguera. Tendremos que tener cuidado con los cierres de la jaula, pues intentan escapar siempre y pueden pasar por agujeros muy pequeños.

Es necesario localizar un buen lugar. La situación de la jaula se tiene que estudiar con cuidado y se aconseja planteársela antes de adquirir el animal. El lugar ideal no tiene que encontrarse en medio de una corriente de aire, demasiado cerca del suelo ni muy alto. Tampoco la colocaremos cerca de una ventana. Muchas personas creen que de esta forma el cautiverio es menos duro, pero lo único que conseguiremos es que se encierre siempre en su refugio y que apenas podamos disfrutar de él.

El gerbillo necesita estar en una gran habitación luminosa, pero no

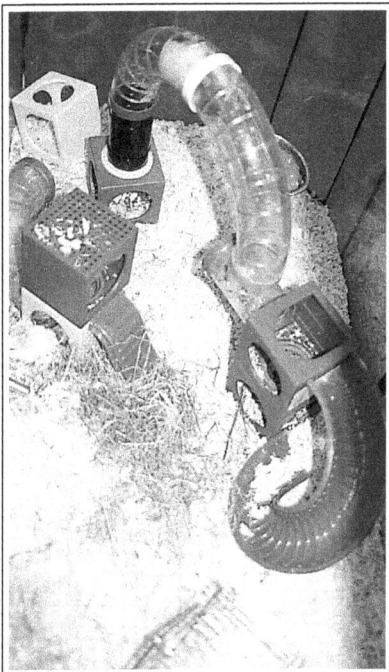

Ejemplos de tubos, similares a madrigueras, que le encantarán

directamente sometida a la luz. La aclimatación del animal a la jaula suele durar entre cuatro y siete días. No nos inquietaremos si el gerbillo sale poco los primeros días y parece enfadado.

Si se escapa, lo que suele suceder a menudo con los animales que roen la jaula, lo buscaremos cerca de una fuente de calor: el motor de la nevera, los tubos de agua caliente, detrás de los fogones. Para atraparlo fácilmente, arrojaremos un trapo sobre él para frenar su carrera.

El primer día en casa

No lo tocaremos durante dos o tres días para que se sitúe en su nueva jaula. Escuchará nuevos ruidos en la casa, y se acostumbrará a las entradas y salidas de las personas que viven en ella. Más tarde intentaremos abrir la jaula y darle algo de comer. Podemos acariciarlo, pero no lo cogeremos todavía en la mano. Cuando él venga hacia nosotros al abrir la puerta de la jaula, entonces será el momento de cogerlo. Para que resulte más fácil esta etapa de adaptación, podemos preguntarle al vendedor cuáles eran las horas de las comidas y de la limpieza de la jaula; esto permitirá que el animal conserve algunas de las costumbres que tenía, lo que hará que sea más fácil la adaptación a su nueva casa.

No lo dejaremos en libertad antes de quince días.

Es necesario limpiar cada día los bebederos y los comederos y eliminar los restos de comida, al igual que los excrementos. Hay que cambiar el sustrato una vez a la se-

Para amaestrar al gerbillo, hay que colocar algunas golosinas en la palma de la mano

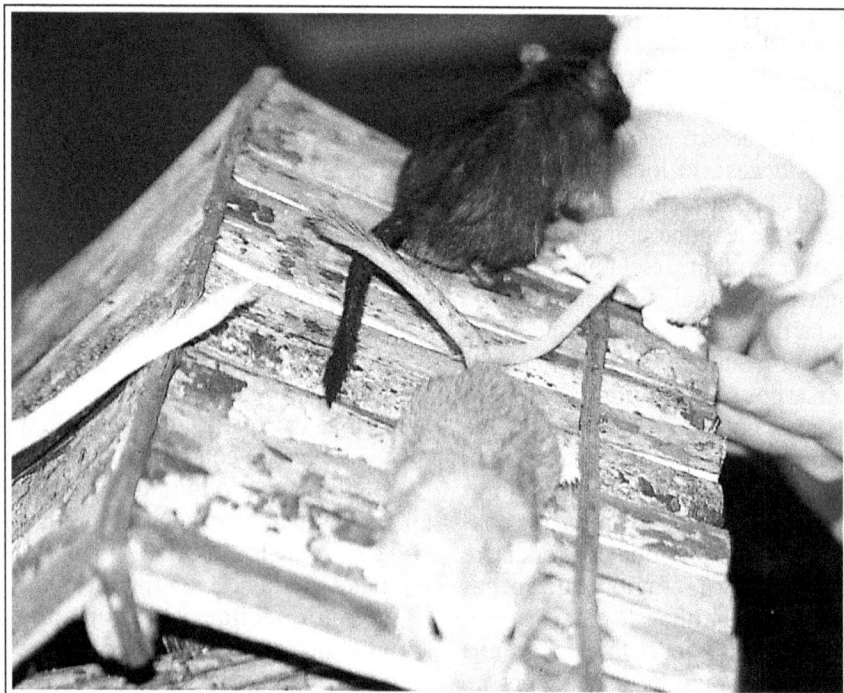

mana o una vez cada quince días, según el metabolismo del gerbillo, puesto que una excesiva humedad puede hacer que se le ensucie el pelaje con manchas de orín. Una vez al mes, hay que limpiar la jaula a fondo. Compraremos una pequeña jaula de transporte para colocar al animal dentro durante la limpieza.

Estas operaciones regulares de limpieza son muy importantes no sólo por el aspecto sanitario, sino también porque así el gerbillo se acostumbrará mejor a nuestra presencia.

PARA LOS NIÑOS

Si quieres que tu mascota no se asuste y no te muerda, no debes despertarlo cuando está dormido. Los primeros días sobre todo, acércate a la jaula muy despacito y háblale: así, él se acostumbrará a tu presencia. Dale algunas golosinas de vez en cuando para amaestrarlo.

(Al final del libro encontrarás unos cuantos consejos sólo para ti.)

FICHA ALOJAMIENTO

- *Jaula en una zona con poco sol.*
- *Control de la temperatura.*
- *Control de los niveles de humedad.*
- *Zona sin ruido.*
- *Si es posible, alojar varios gerbillos juntos.*
- *Control durante los primeros días hasta que se forman los grupos.*
- *Facilidades para que construyan las madrigueras.*
- *Respeto del ritmo del animal y de sus periodos de descanso.*

El comportamiento en casa

Como ya hemos visto al principio del libro, es necesario conocer el comportamiento del gerbillo en estado salvaje, ya que esto permite comprender ciertas actitudes en cautividad que no son más que transposiciones de actitudes naturales.

El comportamiento normal

Es un animal limpio, que no huele mal, dócil y fácil de cuidar exceptuando ciertos elementos agresivos. Se manipula con bastante facilidad y los mordiscos son raros si sabemos no asustarlo.

Este animal no emite sonidos como hacen otros roedores (por ejemplo el conejillo de Indias), pero sabe hacerse comprender. Su forma de comunicación consiste en tamborilear en el suelo con las patas traseras para avisar de un peligro, durante el periodo de celo, o para comunicarse con las personas que conoce bien.

Se trata de animales diurnos, pero en los que el punto álgido de actividad se sitúa en el crepúsculo. No hibernan.

El marcado del territorio

Se efectúa con una secreción de la glándula ventral. En cautividad, este comportamiento está tan marcado como en libertad. El gerbillo frota su vientre por el suelo o sobre objetos de su jaula o de su entorno si tiene la posibilidad de salir. Los

Pequeño centinela de ojos vivos a la espera

machos marcan mucho más su territorio que las hembras, y su glándula es bastante más voluminosa.

El marcado del territorio se intensifica en la hembra durante los días posteriores al parto.

En los dos sexos, el miedo frente a un peligro provoca la secreción de la glándula ventral.

El marcado se realiza también de forma clásica a través de la orina y las heces. Este comportamiento tiene su mayor auge en la pubertad.

Las formas de comunicación

El gerbillo es normalmente muy tranquilo y no le gustan los ruidos. Los chillidos los emiten sobre todo los animales jóvenes, durante el periodo de reproducción, en caso de peligro o durante un combate con otros congéneres.

Las señales de alarma se basan en ruidos de tambor realizados al golpear las patas posteriores contra el suelo. Si nuestro gerbillo presenta esta actitud cuando intentamos acariciarlo, no debemos insistir.

La forma de comunicación con él se llevará a cabo mediante dos sentidos: el tacto y el olfato. El gerbillo no ve muy bien, y tampoco oye bien. Tendremos que avisarle cada vez que nos acerquemos a la jaula, por ejemplo pasando la mano por los barrotes: así, él reconocerá nuestro olor; seguidamente, lo acariciaremos suavemente. Es muy importante que no nos perfumemos demasiado cuando vayamos a cogerlo.

Lo esencial para comunicarse bien con este animal es observarlo con atención. Por ello, es una especie que se destina más a los adolescentes que a los niños. Observar cómo cava y descubrir sus reacciones permite conocer al animal más que empeñarnos en mantener un contacto afectivo con él.

El juego

¿Qué hacer para que nuestro gerbillo esté contento?

Los amos proponen a menudo juegos a sus roedores, empeñándose en tratarlos como perros o gatos. Pero los gerbillos juegan bastante poco en la naturaleza, excepto en su etapa de juventud, donde juegan con sus congéneres para conocerse.

La principal actividad del gerbillo en la naturaleza consiste en cavar una madriguera y galerías, para luego pasearse por ellas en busca de comida.

Así pues, lo mejor es reservar un espacio con tierra en medio de la jaula, siempre que sea posible, para que pueda cavar. Pondremos a su disposición pequeños pedazos de madera y algodón para que pueda tapizar las galerías, y luego esparciremos unos granos: le gustará encontrarlos y agruparlos en su madriguera.

No olvidaremos el recipiente con arena. Los baños son para él un momento privilegiado.

Las ruedas no son de su agrado, pues la estructura de sus patas traseras no les permite mucho utilizarlas.

Sin embargo, las jaulas altas con tablas y troncos de árbol sobre los cuales saltar les gustan mucho.

Los gerbillos son animales sociables que disfrutan en compañía de sus congéneres, siempre que el entendimiento del grupo sea bueno.

Los trastornos del comportamiento

Puesto que la interacción con el amo es limitada, los trastornos del comportamiento, al contrario que sucede con los gatos y los perros, suelen deberse a un problema en su forma de vida, a la superpoblación o a la alimentación.

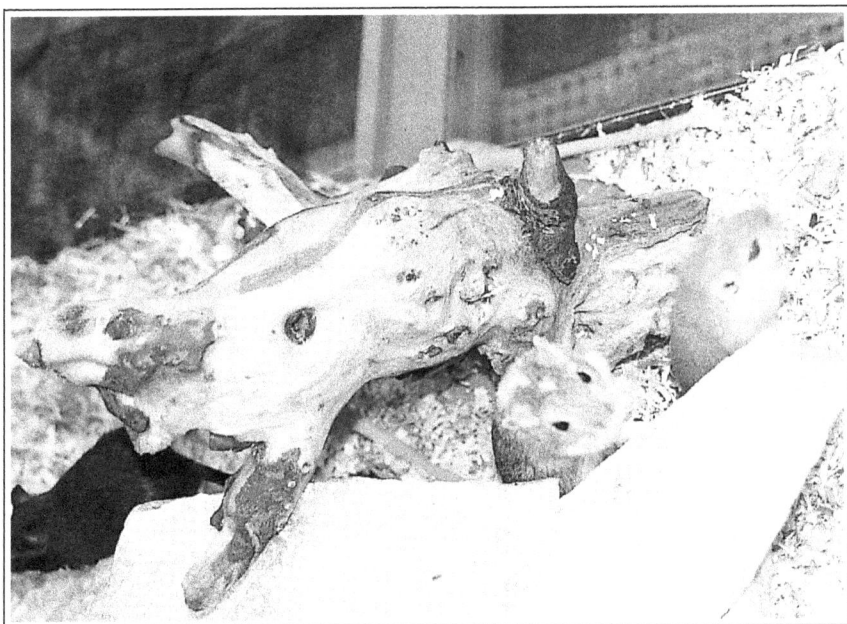

Dos grandes pedazos de madera...
...son el terreno de juego preferido de este pequeño y atrevido animal

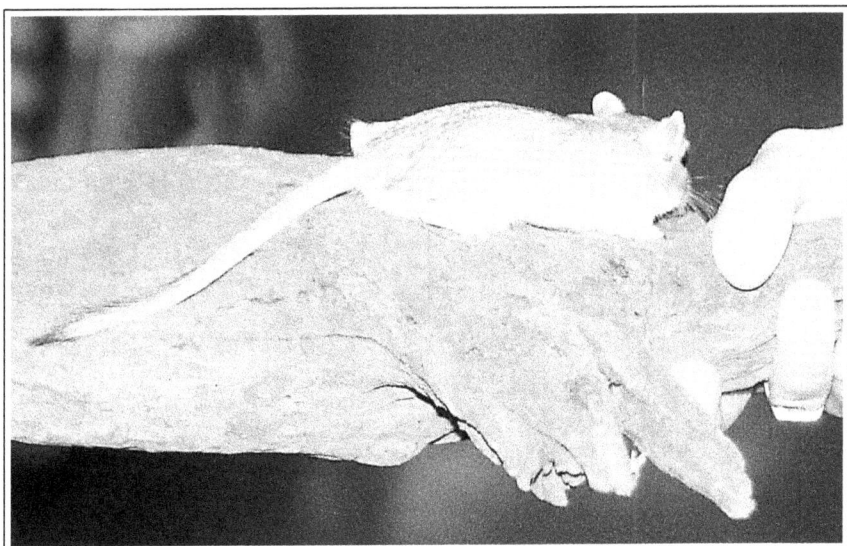

Para respetar el equilibrio de un animal en cautividad hay que vigilar sus necesidades

Por lo tanto, insistimos de nuevo en la importancia de respetar las costumbres del animal y su forma de vida.

El cariño que podamos darle no es suficiente.

Observar estas costumbres permite detectar también otras anomalías.

La epilepsia

Es un fenómeno específico del gerbillo: a veces tiene crisis de epilepsia ante una situación que a él le parece peligrosa. Esto serían restos de un comportamiento instintivo cuyo objetivo, en la naturaleza, sería engañar al depredador (véase el capítulo «Las enfermedades»).

La agresividad

Las peleas entre gerbillos son muy frecuentes, y los mordiscos a menudo tienen lugar en la cola. Se trata generalmente de combates sexuales.

Durante el periodo de reproducción la vigilancia ha de ser perfecta.

Para evitar esto, es necesario colocar a los gerbillos destinados a vivir juntos en una misma jaula antes de que alcancen la madurez sexual, y controlar que cada uno disponga plenamente de un espacio en el interior de la jaula. La separación es el mejor remedio a esta situación.

No insistiremos en juntar gerbillos que se pelean, incluso después de un periodo de separación: esto no resuelve nada. El alejamiento de dos ejemplares tiene que ser definitivo, aunque pueden ponerse con otro grupo, cada uno por su lado.

El canibalismo

Es menos frecuente en los gerbillos que entre otros roedores, y se suele dar generalmente entre jóvenes. Este sería un método de control eficaz de los nacimientos en la naturaleza.

Al contrario que otras muchas especies, los machos que permanecen en contacto con la hembra que acaba de parir no desarrollan ninguna agresividad hacia la madre y los pequeños, pero los machos que todavía no han sido padres tienden a devorar a los recién nacidos.

Esto significa que si varios gerbillos viven juntos, debemos dejar a los padres con las hembras, pero retiraremos a los machos que no son padres.

El canibalismo es por lo tanto un comportamiento que aparece como normal en el macho que tiene que reproducirse y que desaparece cuando tiene sus propias crías.

También puede ser una señal de malas condiciones de vida: superpoblación, higiene deplorable. Las manipulaciones excesivas de los animales pueden conducir también a este tipo de comportamiento.

La alimentación

Las reglas generales

La alimentación básica está compuesta por los alimentos que les damos todos los días. Se complementa con vitaminas, minerales y golosinas una vez a la semana.

Hay que tener cuidado y no alimentar en exceso al gerbillo, porque se intoxicaría rápidamente. Un exceso de grasa no lo hará engordar, ya que es muy poco sensible a la obesidad, pero puede causarle un mal funcionamiento de órganos como el hígado. Un pequeño recipiente a medio llenar es suficiente. Vaciaremos el recipiente todos los días para eliminar las cáscaras y cambiaremos el agua cada día.

Es preferible darle de comer hacia el mediodía, ya que esto se corresponde con su ritmo natural.

Las golosinas se las daremos una vez a la semana, pero, aunque le gusten mucho, no deben formar parte de la comida diaria.

Si el gerbillo se muestra caprichoso y escoge los granos, le proporcionaremos una alimentación compuesta de granulados compactos. El riesgo de la elección es que el animal solamente consume sus granos preferidos, que a menudo son los más grasos, como las pipas de girasol.

Los granulados compactos que contienen varios ingredientes pueden resultarle menos apetitosos, puesto que son todos iguales, pero son preferibles para la salud de un animal caprichoso.

Los granos se pueden colocar en distintos lugares de la jaula: en el suelo, en el comedero o sobre una plancha de madera un poco elevada. Esto permite que el gerbillo tenga la sensación de que busca su comida.

Hay que recordar que numerosas muertes prematuras de gerbillos se deben a una alimentación mal adaptada.

Los alimentos más comunes

El heno

Hay que proporcionárselo en abundancia para evitar las fermentaciones intestinales, y tenemos también que airearlo bien, para eliminar el polvo, que puede ser el responsable de alergias y de hacer estornudar al animal.

Con el heno se evitan las diarreas, que a menudo son fatales para los roedores. También permite que el animal mastique, lo que le asegura el desgaste de los dientes que crecen de forma permanente.

El heno ha de conservarse en un lugar seco. Antes de proporcionárselo al gerbillo, tenemos que comprobar que no presenta restos de moho, que suele aparecer en forma de manchas negras.

Bajo ningún concepto le dare-

El heno es el alimento de base del gerbillo

mos hierba seca del jardín, pues se puede intoxicar. Lo mejor es comprar el heno destinado a los roedores.

La cantidad aproximada será de un puñado todas las mañanas. Para evitar que el gerbillo ensucie el heno, puede instalar un pequeño pesebre en las paredes de la jaula como el de los conejos.

Si vivimos en el campo, tendremos que elegir con mucho cuidado el lugar donde lo vamos a guardar. Los animales «salvajes» (ratones, ratas, etc.) estarán contentísimos de abastecerse en nuestra casa.

Una vez abierto el paquete, el heno tiende a llenarse de polvo. Lo ideal es conservarlo en una gran caja de cartón y no en un envoltorio de plástico donde no se airea bien.

Los alimentos industriales

Para la alimentación diaria elegiremos los preparados específicos para los gerbillos: son completos, equilibrados, económicos y ade-

Los granulados cubren las necesidades esenciales para una buena alimentación

cuados para su metabolismo. Los gerbillos no padecen carencias particulares de vitamina C, como los conejillos de India.

Pero hay que tener cuidado, pues algunos vendedores creen que la comida para roedores es buena para todos los roedores: esto es absolutamente falso.

Los roedores tienen características comunes, pero también cada uno tiene sus características específicas y un metabolismo a veces diferente. Una comida para conejos solamente será buena para los conejos.

Existe una alimentación específica para los gerbillos. Algunos criadores han creado su propia marca gracias al conocimiento perfecto del animal y de sus necesidades alimentarias.

La alimentación se presenta esencialmente en forma de granulados o de mezcla de granos. Ya hemos hablado del inconveniente de la «elección».

Una regla que debemos respetar siempre es la del cambio alimen-tario: si nos planteamos cambiar de marca, lo tendremos que hacer de manera progresiva. En efecto, la flora digestiva del gerbillo está adaptada a un tipo de alimentación; un cambio radical causaría, sin duda, desórdenes intestinales.

Por ello, tenemos que informarnos siempre del tipo de alimentación que recibía el gerbillo antes de que lo compráramos, para darle la misma comida durante algunos días. Una cucharada sopera de granulados cada día es suficiente.

La alimentación tradicional

Si nos planteamos alimentar al gerbillo de forma tradicional, sin recurrir a los alimentos industriales, la ración tiene que estar compuesta por granos de trigo y de cacahuete. No le daremos pipas de girasol porque le gustan mucho pero son demasiado grasas para él. También le gusta la verdura: la ensalada, las espinacas, los tréboles y la alfalfa.

Pero hay que tener cuidado, porque esta alimentación, muy parecida a la que puede obtener el gerbillo en la naturaleza, tiene que ir acompañada de una cierta actividad física. Este régimen alimentario es ideal si disponemos de un alojamiento grande para varios gerbillos y si reproducimos su medio natural.

El agua

No debemos sorprendernos si el biberón de agua no disminuye: el gerbillo bebe muy poco y prefiere la leche.

Si el agua de nuestra ciudad no está muy contaminada, podemos dársela del grifo; si no, le proporcionaremos un agua mineral muy

Los granulados cubren las necesidades esenciales para una buena alimentación

ligera. El agua no debe estar nunca demasiado fría.

En la naturaleza, el gerbillo bebe poco, pero en cautividad la alimentación es mucho más seca porque está constituida casi exclusivamente por granos. Por ello, el agua debe estar a su disposición en biberones, más adecuados que los recipientes, que se ensucian rápidamente por las defecaciones.

Otra solución que podemos aplicar es la de completar la alimentación de base con legumbres frescas, pero se pueden presentar problemas de diarreas.

Los animales viejos, machos o hembras, beben más.

Las vitaminas y los complementos

Podemos dárselas una vez a la semana o durante un mes, en forma de cura.

Las vitaminas

Los alimentos de los comercios son completos, pero existen periodos de la vida del animal en los cuales tiene necesidad de un aporte suplementario de vitaminas. Estudiaremos el papel de cada vitamina. Estos papeles son además idénticos para todos los animales.

EL PAPEL DE LAS VITAMINAS

• Vit. A: imprescindible para una buena visión;

• Vit. D: permite la fijación del calcio;

• Vit. E: interviene en el crecimiento y la reproducción; contribuye al buen estado de la piel;

• Vit. K: permite la buena coagulación de la sangre;

• Vit. B: permite el buen funcionamiento del sistema nervioso;

• Vit. B_{12}: interviene en la reconstitución de la sangre;

• Vit. C: asegura el tono general.

Los suplementos vitamínicos generalmente las incluyen todas. Encontraremos por separado: la vitamina B_{12}, útil para los animales que han estado enfermos; la vitamina E, para suministrar a las hembras en el periodo de reproducción, y la vitamina C, para el tono general.

El papel de los complementos no puede ser ignorado, puesto que permite aumentar la resistencia de los animales a las infecciones.

Si queremos que nuestro animal esté sano, podemos aplicarle una cura de vitaminas durante un mes, dos veces al año, utilizando los compuestos de varias vitaminas.

Los alimentos nocivos y los «extras»

Evitaremos las legumbres y las frutas frescas, que pueden provocar desórdenes intestinales porque contienen demasiada agua.

Esto es muy importante para los gerbillos en cautividad. Numerosos dueños de gerbillos piensan que le hacen un favor a su roedor al darle lechuga o manzanas. Su flora digestiva, la que le ayuda a digerir, es muy frágil, y este cambio radical de comida les puede provocar diarrea.

Si esto se realiza solamente una vez a la semana, no tiene consecuencias, pero en todo caso la lechuga se la tendremos que proporcionar en pequeñas cantidades.

Existen legumbres deshidratadas que no presentan este inconveniente: col, zanahoria, puerros, perejil, etc.

Lo que más les gusta y resulta menos peligroso es la manzana, pero no hay que dársela de forma continua: le daremos la mitad de un cuarto, de vez en cuando.

Hay que tener cuidado con los niños, pues pueden pensar que el gerbillo tiene sus mismos gustos, pero a él no le gustan los chicles y los caramelos.

También hay que tener cuidado con las ramas de árboles que colocamos dentro de las jaulas como decoración, pues pueden resultar muy tóxicas si las roe.

Los gerbillos adultos consumen entre 6 y 8 g de comida al día. Son muy sensibles al colesterol, por lo cual es importante limitar las grasas en su alimentación.

Los preparados de los comercios tienen en cuenta todo esto y están, por lo tanto, muy bien adaptados.

La flora digestiva

Esta flora está constituida por bacterias situadas en el tubo digestivo que ayudan en la digestión y en la asimilación de alimentos, así como en su tránsito. Normalmente se encuentran en una cantidad constante; si se desarrollan demasiado, el animal presenta desórdenes intestinales. Al contrario, en caso de insuficiencia de la flora, la digestión no se realiza correctamente.

La coprofagia, o el hecho de comer sus propias deposiciones, es un comportamiento totalmente normal en algunos roedores entre los que se encuentra el gerbillo.

Esto les permite resembrar la flora digestiva y mantener su equilibrio.

En caso de antibioterapia prolongada, la flora se destruye de forma parcial. Los roedores son muy sensibles a los antibióticos y las prescripciones tiene que hacerlas un profesional.

La coprofagia permite ingerir también vitaminas, sobre todo B y K, que se sintetizan en el intestino ciego, la parte final del tubo digestivo. Así pues, son las deposiciones las que contienen estas vitaminas y la única solución para no perderlas es comérselas.

Por lo tanto, no debemos extrañarnos por este comportamiento del gerbillo, que de hecho se adapta muy bien al funcionamiento de su organismo.

La reproducción

Macho y hembra

Es muy difícil diferenciar los dos sexos si sólo observamos su aspecto exterior. Lo más fiable es observar la distancia del ano a los genitales. Esta distancia es dos veces más grande en el macho que en la hembra.

En la hembra, los dos orificios están prácticamente pegados el uno al otro, mientras que en el macho se encuentran a una distancia de un centímetro.

Hay otro detalle puntual que permite diferenciar los dos sexos: antes del periodo de reproducción, los testículos aumentan y descienden al escroto, lo que los hace bastante más visibles, pues normalmente se hallan situados en la cavidad abdominal.

Los datos de la reproducción

La edad de reproducción es la siguiente: para el macho, la madurez sexual se alcanza a las diez o doce semanas; para la hembra, se sitúa entre las diez y las dieciocho semanas. El peso de los animales es en ese momento de 60 g, mientras que el peso de los ejemplares adultos es de 70-100 g.

Los gerbillos se reproducen durante un año o un año y medio; su esperanza de vida es de cinco años. El periodo de reproducción comprende todo el año.

Los gerbillos no son normalmente polígamos. Una vez formadas las parejas, son estables.

La gestación dura entre veinticuatro y veintisiete días, y se pro-

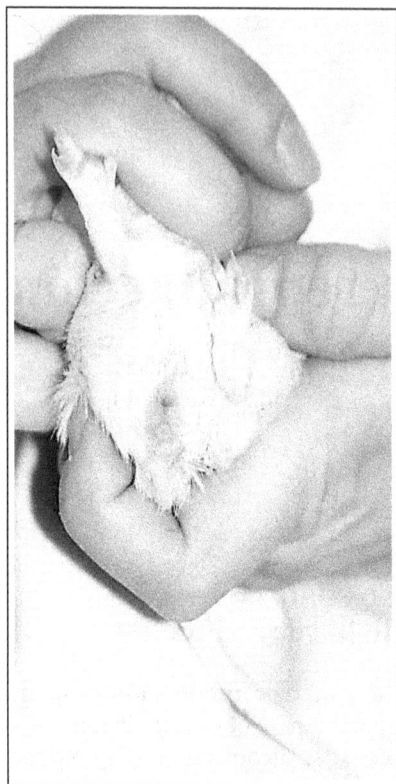

Una hembra

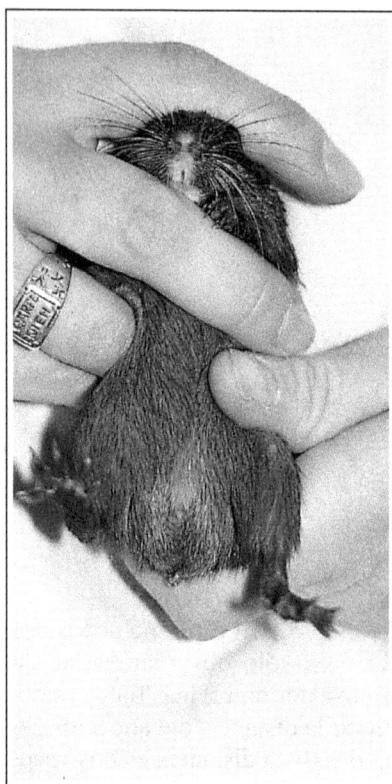

Un macho

ducen cinco o seis partos al año, de entre siete y catorce crías cada uno. El destete se produce a las tres semanas, cuando las crías pesan unos 18 g (al nacer sólo pesan 3 g).

Las etapas de la reproducción

Ante todo hay que conocer el ciclo sexual del gerbillo: tiene una dura-

ción de cuatro a seis días, con un estro de doce a dieciocho horas.

El celo y el apareamiento

La hembra se encuentra durante este periodo muy nerviosa, a veces incluso agresiva, y deja que el macho se acerque a ella. Puede presentar un pérdida vaginal blanquecina.

Cuando se va a juntar un macho y una hembra por primera vez, es mejor hacerlo antes de la hora de la comida. La hembra se ha de acostumbrar al olor del macho en la jaula, y hay que proporcionar un refugio para el más débil; al principio no los dejaremos juntos más de un día.

No suelen realizar exhibiciones amorosas espectaculares: se reducen a persecuciones del macho a la hembra y pequeños gritos.

La mayoría de los apareamientos se producen a última hora del día o durante la noche. El macho se mantiene de pie sobre las patas posteriores y golpea el suelo. La hembra se coloca entones en una posición que facilita el acoplamiento, pero la persecución del macho puede durar varias horas.

La gestación

En el gerbillo la gestación dura 24-26 días. Si la gestación se inicia cuando la hembra todavía está amamantando las crías de la camada anterior, puede alargarse y durar más de 27 días (generalmente aumenta dos días por cada cría que se amamanta). El periodo máximo de gestación observado es de cuarenta y ocho días. En cualquier caso, hay que evitar palpar el vientre del gerbillo para ver si está lleno, porque esta maniobra puede hacer que aborte.

Las mamas se desarrollan a los catorce días de la gestación. El día treinta, las mamas se vuelven de color rosado.

Se puede realizar una radiografía para visualizar los esqueletos de las crías, pero este examen sólo puede efectuarse a partir del día trece.

A los diez días aproximadamente después del apareamiento se suelen producir pequeñas pérdidas de sangre en caso de que la hembra esté gestando.

Si se halla gestando, rechazará al macho. Esta será la primera señal que confirma la fecundación.

El aumento del abdomen y su visible distensión se percibe sólo en el último tercio del embarazo.

El parto

La hembra fabrica un nido con algodón, lana o papel. El macho se queda con las crías y muestra un comportamiento paternal muy atento; participa también igualmente en la construcción del nido. Por lo tanto, no será necesario separar el macho de la hembra como ocurre con otras especies de roedores.

En cambio, no tenemos que sorprendernos si uno de los padres mata a las crías más débiles.

La hembra vuelve a estar en celo entre veinticuatro y setenta y dos horas después del parto.

El parto se desarrolla generalmente por la noche, y dura a menudo una hora. La hembra se come las placentas.

Las crías

El tamaño de las crías es más pequeño en las hembras muy jóvenes o muy mayores.

Las crías nacen con los ojos cerrados; los abren a las tres semanas. Los incisivos salen a las dos semanas. A las seis semanas, su peso es de 30 a 60 g.

La hembra puede encontrarse muy cansada al tener que amamantar a sus crías. Para que descanse, a veces es necesario retirar a las crías, colocarlas en una caja a 25 C y establecer turnos para que mamen.

También podemos alimentarlas artificialmente con un biberón: pondremos un tercio de leche concentrada en dos tercios de agua hervida con vitaminas, y la calentaremos a 38 C para dársela a las crías. Si no encontramos biberones tan pequeños, podemos utilizar pequeñas jeringas sin aguja o cuentagotas. Tendremos que mantener a las crías en la palma de la mano durante el proceso, con el vientre al aire y ligeramente inclinadas.

Si las crías han perdido a su madre, tendremos que ayudarlas también a defecar, ya que en general es la madre quien las ayuda a hacer sus necesidades lamiendo sus genitales.

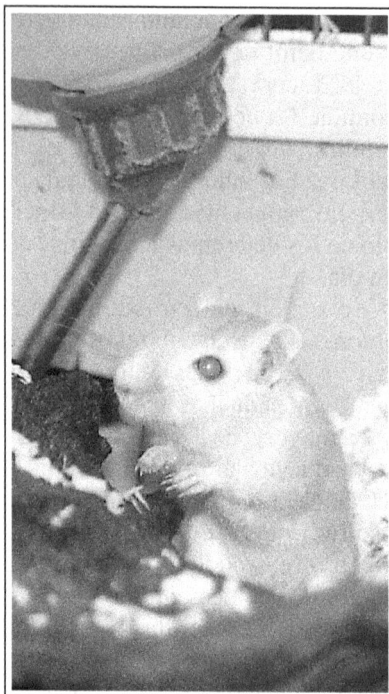

Los gerbillos beben de un biberón

Por lo tanto, después de cada biberón pasaremos un algodón húmedo sobre el ano para estimular la micción y la defecación.

El intervalo entre las comidas es de tres horas al principio, con cantidades de 0,5 a 3 cm^3. Las dosis se aumentan a continuación y el número de comidas disminuye.

El destete

Durante el destete, se han de separar las crías de su madre porque puede volverse bastante agresiva con ellas.

Esta etapa tiene lugar hacia los veintiún días, pero pueden comer sólido desde el día dieciséis aproximadamente.

FICHA REPRODUCCIÓN

- *Edad de la madurez sexual: 12 semanas.*

- *Tiempo durante el cual puede reproducirse: 18 meses.*

- *Época reproductiva: todo el año.*

- *Duración de la gestación: 26 días.*

- *Número de crías: de 1 a 12.*

- *Peso al nacer: 3 gramos.*

- *Destete: a los 21 días.*

- *Peso en el momento del destete: 15 gramos.*

- *Número de partos al año: 9.*

- *Entre dos partos: 40 días.*

Desarrollo de las crías

- *Apertura de orejas: 4 días.*

- *Primeros pelos: 1 semana.*

- *Aparición de los dientes: 2 semanas.*

- *Apertura de los ojos: 3 semanas.*

La cría

Para realizar con éxito un criadero, tendremos que acercarnos todavía más a las condiciones de vida naturales que para la cría de un único animal. Los gerbillos viven en terrenos secos y arenosos, les gusta cavar galerías y son activos sobre todo por la noche. Hay que tener en cuenta todo esto para construir el criadero.

Hay una característica de estos animales que resulta ideal a la hora de plantearse tener varios gerbillos, y es que no desprenden prácticamente ningún olor.

Al hablar aquí de criadero no nos referimos por supuesto a los criaderos profesionales, que deben cumplir unos criterios sanitarios muy precisos y deben estar perfectamente registrados y documentados: nos referimos a los aficionados que buscan reconstruir las condiciones de vida ideales de los gerbillos y que pretenden conseguir algunas reproducciones.

La instalación

Lo más importante es reconstruir el sistema de galerías en el que vive el gerbillo.

Los ideal es coger varios terrarios de plástico de distintos tamaños, que constituirán las habitaciones principales. Algunos tienen incluso una tapa de reja con dos agujeros para colocar los biberones: estos agujeros pueden servir para sujetar los tubos que unirán y comunicarán las distintas jaulas. Es importante que estos tubos sean transparentes, pues así podremos realizar un perfecto seguimiento de los gerbillos. Asimismo, hay que prever que las distintas partes sean perfectamente desmontables, para poder limpiarlas en profundidad.

El fondo de las jaulas debe cubrirse con arena.

Si somos hábiles, podemos realizar nosotros mismos esta instalación. Si no, existen en las tiendas tubos de diámetros distintos.

Las condiciones de vida

Las condiciones climáticas y de iluminación son fundamentales en los criaderos para conseguir animales equilibrados y éxito en las reproducciones.

Cuando los gerbillos sienten una bajada de temperatura se calientan entre sí

El terrario tiene que colocarse en una habitación iluminada, pero no a pleno sol, puesto que los gerbillos son animales más acostumbrados a la noche que al día. El ambiente debe ser seco, y evitaremos los sótanos o los garajes. La temperatura tiene que mantenerse entre 20 y 22 C.

El termómetro externo es necesario. La habitación tiene que calentarse en algunos periodos del año. Podemos plantearnos construir un criadero externo, pero tendrá que estar dentro de un recinto caldeado, por ejemplo. Los gerbillos no soportan una temperatura inferior a los 10 C, por lo que un criadero exterior es peligroso.

Los sistemas internos de calentamiento de terrarios (por ejemplo los de los terrarios para reptiles) se desaconsejan, pues los gerbillos pueden roerlos y quemarse.

En cambio, se puede colocar una lámpara IR encima del terrario, sobre todo durante el periodo de reproducción.

También se puede colocar una copa con agua en la jaula, para mantener el grado de humedad constante.

La observación

Resulta apasionante observar a los gerbillos, pero hay que ser discreto: no podemos pasarnos todo el día delante de una galería; hemos de dejar que tomen posesión de los diferentes lugares y luego estudiaremos el momento en el que permanecen más activos.

La cohabitación

Lo más sencillo para que se reproduzcan los gerbillos es ponerlos juntos, pero es más juicioso proceder de forma científica.

Determinar con precisión el estro nos permitirá potenciar el criadero.

Tendremos que vigilar los comportamiento sexuales de los gerbillos por la noche preferentemente. Se trata del periodo en el que tienen lugar los intentos de apareamiento. Las hembras en celo aceptan la actitud del macho; las demás, la rechazan. El interés de este tipo de observación es formar parejas y separarlas, con lo que se facilitará la reproducción.

Es preferible asociar una joven hembra con un macho adulto y no al revés. Esto disminuye los riesgos de peleas y de mortalidad de las crías. Para conseguir un criadero tranquilo y sin peleas, se aconseja emparejar a los gerbillos antes de los dos meses. Cuando una pareja ya está formada, viven juntos hasta que muere uno de los dos y ya no aceptarán otro compañero.

Hay que evitar separar las parejas durante más de treinta días consecutivos, porque cuando las volvamos a unir pueden surgir las peleas. Si deseamos una mayor productividad, emparejaremos los gerbillos de nuevo después del parto.

Del nacimiento al destete

Conocer el sexo de los recién nacidos es muy fácil, puesto que todavía no tienen pelo. El macho posee una gran papila genital y la distancia desde el ano hasta los órganos genitales es más grande que en las hembras y más visible. Durante el destete es más difícil saberlo. El periodo más delicado para las crías es el que va del nacimiento hasta el destete. La mortalidad de las crías es la más importante, y al parecer los machos son más frágiles durante este periodo. Cuanto más joven es la hembra, más elevada es la mortalidad. Por ello será importante seleccionar bien a las futuras madres. Durante el destete, hay que dejar a las crías en grupos numerosos porque to-

Una alegre y pequeña troupe

davía son muy sensibles al frío y el enfriamiento de su cuerpo es una de las principales causas de mortalidad. El destete puede realizarse entre los veintiuno y treinta días (en un criadero, el momento ideal parece ser el día veinticinco).

El tercer día después del parto se produce el retorno del estro, y el apareamiento puede efectuarse de nuevo con un 80 % de posibilidades de éxito.

Pero el intervalo entre dos partos es en general de cincuenta días.

Hay que recordar que la duración de las gestaciones se alarga en función del número de crías que se amamantan (dos días por cada cría amamantada). Los gerbillos son muy prolíficos, pero tienen un periodo de vida reproductor bastante corto (unos quince meses). El último parto se suele producir alrededor de los diecisiete meses.

El desarrollo de las crías

Para realizar un buen criadero, hay que prestar atención al desarrollo de las crías y conocer las principales etapas de crecimiento y el aumento de peso en función de la edad.

• Apertura de orejas: 4-5 días.

• Aparición de pelos: 6 días.

• Aparición de incisivos: 15 días.

• Apertura de párpados: 20 días.

PESO	
Edad (en días)	*Peso (en gramos)*
1	3
2	3,2
4	3,6
8	6,7
16	12
24	18
32	21

Cuanto más importante es la gestación, más lento es el crecimiento de las crías. Los machos siempre pesan un poco más que las hembras.

La presencia de los padres retrasa la madurez sexual de las jóvenes hembras, y en estos casos sólo se reproducen las madres; sólo serán capaces de reproducirse si se separan de sus padres y se emparejan con un macho.

Los cuidados diarios

¿Necesita un gerbillo cuidados especiales diarios para estar sano? Sí, pero es necesario saber cuidarlo sin estar cogiéndolo continuamente. Lo mejor es hacerle una inspección, no todos los días, sino una vez por semana. Podemos anotar las observaciones en una libreta para saber a qué ritmo le tendremos que cortar las uñas, por ejemplo.

El pelo

Tiene que estar seco, no aceitoso y uniforme. No tiene que apreciarse ningún tipo de pérdida. Si se observa que está graso o con nudos, podemos utilizar talco para eliminar el exceso de sebo. Tendremos que ponerle el talco, frotar y soplar para eliminar el sobrante.

No hay que lavar nunca a los gerbillos, pues no están acostumbrados al agua. Si observamos que están sucios, por ejemplo porque han padecido una diarrea, podemos pasarles un trapo húmedo por el manto.

Bonito ejemplar de gerbillo ordinario de pelo brillante

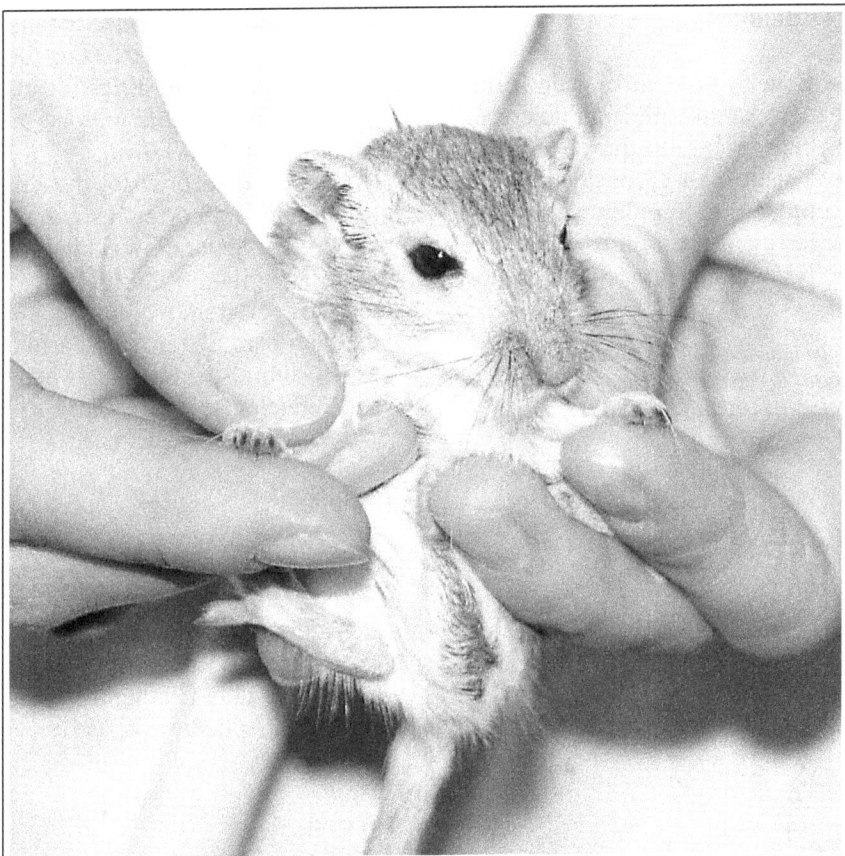

Una ligera presión en la pata hace salir las uñas

Las garras

En la naturaleza, el gerbillo tiene la costumbre de cavar, y las uñas se desgastan debido al roce con la tierra. Si el animal no puede hacer esto en su jaula, las uñas continuarán creciendo. En estos casos, cogeremos una de sus patas y presionaremos ligeramente en el extremo para que aparezcan; seguidamente, una vez localizado el vaso rojo que las cruza, las recortaremos lejos de este vaso. Utilizaremos para esta operación un cortaúñas normal, pero evitaremos las tijeras.

Si accidentalmente cortamos un vaso sanguíneo, realizaremos una cura compresiva durante unos minutos y desinfectaremos.

Los dientes

Se tienen que controlar de forma regular, ya que no dejan de crecer. Al contrario de lo que sucede con los conejos, los casos de cierre defectuoso que impiden el desgaste de los dientes son muy raros, pero no por ello debemos descuidarnos.

Sujetándolo así, el gerbillo se dejará cortar los dientes fácilmente

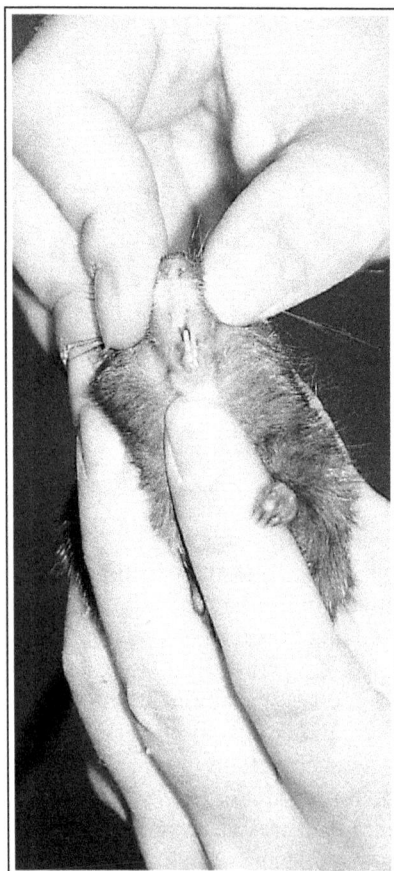

Observaremos los incisivos y también los molares, ya que cuando crecen demasiado se dirigen hacia el interior de la mejilla y provocan lesiones. El animal saliva.

Si hemos de recortar los dientes, utilizaremos un cortaúñas grande para perros. Separaremos bien los dientes, vigilando la lengua, y luego los cortaremos y los limaremos bien para evitar irregularidades. El suministro regular de heno suele reducir este problema.

Los ojos

No tienen que llorar. Una luz excesiva puede ser nefasta, puesto que estos animales son nocturnos.

Utilizaremos una gasa (y no algodón, que deja filamentos) para limpiarlos. Aplicaremos suero.

La cola

Es el lugar donde más heridas presenta el gerbillo después de una pelea o a causa de las rejas. Habrá que desinfectar la herida todos los días hasta que cicatrice.

Las orejas

Una sencilla observación permitirá saber si están infectadas. A menudo se observan cortes ocasionados por los dientes enemigos.

Las enfermedades

Se proporcionan aquí los elementos necesarios para reconocer un gerbillo enfermo y tomar las medidas adecuadas con rapidez.

Es necesario saber que un gerbillo enfermo, como todos los roedores de compañía, es muy difícil de cuidar. La prevención de las enfermedades es, por lo tanto, fundamental, y los dueños de gerbillos son los principales afectados porque son ellos los que pueden modificar las condiciones de vida, el cuidado y la alimentación de su animal.

Reconocer un gerbillo enfermo

Un animal enfermo suele permanecer quieto, su pelo está sin brillo, no come y tiende a esconderse. La temperatura es muy difícil de tomar y no será muy significativa para el dueño.

Conviene examinar el ano para ver si está sucio debido a una diarrea; por otra parte, comprobaremos también la respiración, los ojos y las patas. El vientre ha de estar blando y no hinchado.

Los principales problemas de los gerbillos son los de piel, las afecciones respiratorias y las diarreas. Menos frecuentes pero muy graves son los trastornos nerviosos y las muertes súbitas.

Las heridas debidas a las peleas son otro problema relativamente frecuente.

Los gerbillos enfermos presentan el pelo como mojado y erizado, además de un rápido adelgazamiento con la debilitación consiguiente.

El examen clínico

En ningún caso debemos pretender sustituir al veterinario, pero es importante tener algunas nociones sobre el tema para detallar de la mejor manera posible los síntomas que presenta y así poder responder al veterinario y ayudarle en su diagnóstico.

Es importante elaborar una ficha donde anotaremos las condiciones generales de vida del animal. Esto nos ayudará bastante en cada enfermedad.

Los datos fisiológicos normales del adulto

Los datos normales para los ejemplares adultos son:

— peso del macho: 60 g;
— peso de la hembra: 50-55 g;
— consumo de agua por día: 3 ml;
— consumo de alimentos: 4 g;
— temperatura corporal: 38,2 C;
— frecuencia cardiaca: 360 latidos por minuto;
— frecuencia respiratoria: 260 a 600 respiraciones por minuto.

Cualquier modificación de estos datos puede ser síntoma de enfermedad.

Animal

Sexo: ....

Edad: ....

Peso: ....

Alimentación

Tipo de alimentación: ....

....

Cantidad aportada cada día:

....

Jaula

Temperatura de la habitación:

Lugar:....................................

Limpieza (ritmo): ....

Síntomas

Fecha de la aparición:...........

Descripción:..........................

....

Cambios experimentados:......

¿Vive con otros animales?

....

¿Ha estado enfermo antes?

....

Observaciones

Comportamiento: ....

Respiración: ....

Movimientos:.........................

Pelaje: ....

Orejas y ojos:.........................

Los problemas de la piel

Las afecciones dermatológicas se tienen que controlar, puesto que el gerbillo pierde rápidamente su pelo y algunas enfermedades, como la tiña, son contagiosas para el hombre y los niños, que suelen tocar mucho a su mascota. Pero los gerbillos no son los roedores más sensibles a los problemas de la piel, como sucede con los conejos y los conejillos de India.

Las afecciones externas

Las afecciones de la piel están ocasionadas por las pulgas, los hongos (que causan la tiña), los acáridos (responsables de la sarna) y los piojos.

La primera señal de una afección cutánea es a menudo la pérdida de pelo, llamada alopecia; luego aparece el comezón (o prurito).

La lucha contra los parásitos se realiza con productos que se tienen que aplicar al animal, pero también es muy importante la limpieza a fondo de la jaula. Si no luchamos contra los parásitos en el medio exterior, no podremos librarnos de ellos de forma duradera.

LA TIÑA

Esta afección de la piel es muy frecuente en el gerbillo; además, se puede transmitir al hombre. La enfermedad se ve favorecida por una fuerte luminosidad, asociada a humedad y a una temperatura elevada. Las condiciones climáticas son muy importantes. La tiña se desarrolla con más facilidad en los animales más débiles a causa de la alimentación, por ejemplo.

Provoca lesiones redondas sin pelo, sin comezones, con un polvillo blanco encima en capas finas.

Se tienen que aplicar sobre el animal y en la jaula productos antimicóticos; el tratamiento es muy largo (un mes y medio). Las virutas y la arena, fuentes de transmisión, se deben eliminar de la jaula durante el tratamiento.

LA SARNA

Provoca comezón, costras gruesas, granos rojos con un punto negro encima y alopecia. Existe también una sarna de oreja muy frecuente en la ardilla de Corea pero que también puede presentarse en el gerbillo: el animal, en estos casos, lleva la cabeza de lado y se observa cera de color negro en la oreja. Esta afección es debida a parásitos de la familia de los acáridos, y el tratamiento consiste en aplicar una pomada específica dentro de la oreja.

LOS PIOJOS

Son muy poco frecuentes en el gerbillo, y aparecen sobre todo en los animales jóvenes.

Manteniendo unas buenas condiciones de higiene, probablemente nunca nos encontraremos con este problema.

LA LEISHMANIOSIS

Esta enfermedad afecta sobre todo a los perros, y es muy rara en los roedores, pero suele darse en gerbillos y cobayas.

Se suelen producir úlceras a la altura de las orejas, y sólo un veterinario podrá confirmar la afección efectuando exámenes complementarios.

LA DEMODICOSIS

Esta afección parasitaria se suele dar también en el perro; en este caso, el parásito que habita en la piel del gerbillo se llama *Demodex criceti*.

Se produce pérdida de pelo por placas, la piel se recubre de películas, se descama y el animal presenta fiebre.

Para estar seguro de que se trata exactamente de este parásito, el veterinario debe tomar en primer lugar una muestra efectuando un raspado de la piel del animal, y luego, observándola al microscopio, verificará si se trata o no de *Demodex criceti*.

Se practicará tratamiento local y se tomarán algunas medidas de aislamiento para evitar el contagio de los demás animales.

Las infecciones de la piel

Las infecciones se transforman a menudo en úlceras que degeneran por norma en abscesos.

Aparece una bolsa blanda y caliente llena de pus. Se tiene que realizar una punción con la ayuda de una jeringa con una pequeña aguja que permite sacar el líquido que contiene la bolsa y verificar que se trata exactamente de pus (absceso). También puede tratarse de sangre (hematoma) o un líquido claro como agua (edema).

A veces es necesario realizar una incisión con un bisturí en la costra del absceso, puesto que a menudo es muy gruesa, y en este caso tendremos que administrarle antibiótico durante una semana. La herida que forma la incisión también se ha de desinfectar.

Las ulceraciones

Las ulceraciones bajo las patas son debidas a las malas condiciones de higiene, a un sustrato sucio o demasiado húmedo o a una jaula poco cuidada. Una afección específica del ratón y del gerbillo es la llamada *Sore nose*. Es debida a diversos gérmenes, normalmente estreptococos. El animal se lesiona en la nariz, contra la jaula o por culpa de peleas; estas heridas se infectan, y le producen mucho dolor al animal. En estos casos, se han de quitar los pelos alrededor de la lesión y se tiene que desinfectar la herida de forma regular. A menudo se hace necesaria una terapia con antibióticos.

Las heridas

Las peleas son muy frecuentes entre los gerbillos y pueden ser mortales. A menudo las heridas se sitúan en la cara o en la cola. Es necesario desinfectarlas rápidamente, puesto que las virutas en la jaula son fuente de suciedad. Además,

los dientes están siempre sucios y los mordiscos son siempre portadores de gérmenes.

Las tumefacciones

La aparición de bultos sospechosos es muy frecuente en estos animales. Puede tratarse de abscesos debidos a mordiscos, pero también a abscesos espontáneos.

Como ya hemos visto, las características de los abscesos son el calor, el dolor al palpar y el aspecto blando.

Una herida tiene que curarse inmediatamente para evitar cualquier posible infección

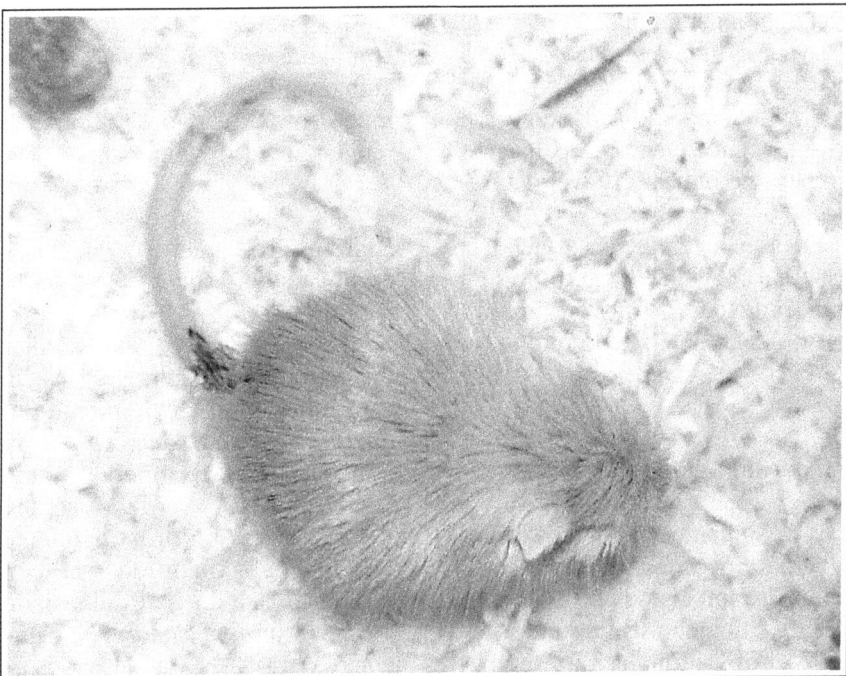

Pueden aparecer abscesos por todo el cuerpo sin que haya una razón evidente.

Después de una crisis de estrés (malnutrición, enfermedad), aparece un adelgazamiento con dificultad para respirar. La nariz gotea y los ojos lagrimean; las articulaciones aparecen hinchadas. Se forman abscesos en la piel y revientan. La muerte suele producirse en una semana.

Sólo los antibióticos suministrados rápidamente pueden evitar este final.

Los gerbillos también son víctimas de tumores cutáneos. Surgen bolas blandas, y cuando los animales son jóvenes se puede pensar en una intervención quirúrgica. En el caso de los tumores, solamente una extirpación y un análisis posterior del tejido extraído puede indicar si es o no cancerígeno. La palpación no permite indicar el nivel de gravedad.

En caso de tumor cancerígeno, la esperanza de vida del gerbillo será muy limitada. Es muy difícil aplicar un tratamiento de tipo quimioterápico.

La pérdida de pelo

Los frotamientos mecánicos contra la jaula provocan pérdidas de pelo en lugares precisos.

Este fenómeno se presenta sobre todo en los animales que se aburren. Un compañero o algunos juegos pueden permitir detener la caída de pelo.

Las carencias alimentarias y vitamínicas tienen como consecuencia una caída de pelos leve pero permanente.

Es fundamental, por lo tanto, proporcionar a los gerbillos una alimentación equilibrada y suplementos de vitaminas dos o tres veces al año.

También se suelen arrancar el pelo en caso de superpoblación. En estos casos habrá que actuar rápidamente y ponerlos en jaulas más grandes.

Las jóvenes pierden a veces pelo en el momento del destete, e incluso se pueden quedar con la piel completamente al desnudo. Sin embargo, el pelo vuelve a crecer luego sin necesidad de recurrir a ningún tipo de tratamiento.

El manto con pelo enmarañado y sucio

Se trata de una afección particular del gerbillo. Este síntoma se asocia a menudo a una disminución del apetito, a deshidratación y a un aumento de la temperatura del cuerpo.

Las causas son principalmente una mala condición de cría, con una tasa de humedad demasiado elevada y una mala nutrición, o una edad avanzada.

La dermatitis nasal

Se trata de una inflamación de la piel de la nariz.

Lesiones debidas a peleas o el hecho de frotarse contra la jaula, asociadas a malas condiciones de higiene, se encuentran en el origen de esta afección.

Los pelos empiezan a caer en la zona alrededor de la nariz, y luego aparecen las supuraciones y las costras.

Las lesiones pueden extenderse a las patas, y hay que desinfectarlas de forma local con agua oxigenada diluida a 10 volúmenes, o bien recurrir a una tratamiento an-

---

FICHA RECAPITULATORIA: LOS PROBLEMAS DE LA PIEL

Prevención

• *Muy buenas condiciones de higiene.*

• *Buena alimentación y suplementos de vitaminas.*

• *Limpieza de la jaula con un producto antiséptico.*

• *Respeto de las condiciones climáticas (luz, temperatura, humedad).*

• *Evitar la superpoblación.*

Medidas que se tienen que tomar

• *Aislar un animal enfermo para evitar contagios.*

• *Cambiar la jaula.*

• *Tratar las afecciones de piel durante mucho tiempo.*

• *Controlar cualquier recaída.*

Farmacia para las afecciones dermatológicas

• *Gasas.*

• *Yodo.*

• *Pomada antibiótica.*

• *Solución antimicótica.*

• *Polvo antiparasitario.*

• *Antibiótico (consulte con su veterinario).*

tibiótico en caso de que se produzca infección.

Pero sobre todo tenemos que actuar sobre las causas iniciales: la superpoblación, el estrés y la alimentación.

Esta afección demuestra muy bien cómo las condiciones de cautividad están estrechamente relacionadas con el estado de salud del animal.

Queremos insistir de nuevo en el respeto de los parámetros vitales y de higiene de la jaula.

Sin lugar a dudas, esta es la única manera de evitar enfermedades que, una vez instaladas, son difíciles de tratar.

Las enfermedades digestivas

Las más destacables son la diarrea y el hecho de que el animal deje de alimentarse (anorexia).

Las diarreas

Pueden ser de origen bacteriano, parasitario, viral o alimentario, y suelen ser muy frecuentes en el gerbillo.

Se acompañan a veces de prolapsos del recto. En estos casos, se puede percibir con total claridad un trozo de intestino que sobresale por el ano.

FICHA RECAPITULATORIA: LOS TRASTORNOS DIGESTIVOS

- *Evitar los alimentos frescos.*
- *Darle agua a temperatura ambiente.*
- *Luchar contra los parásitos digestivos (y las pulgas que los transportan).*
- *Vermifugar.*
- *Vigilar los cambios de alimentación.*
- *Colocar los recipientes y los biberones arriba para evitar que los ensucien.*
- *Cambiar la cama para evitar el desarrollo de las bacterias.*
- *Vigilar los animales durante el destete.*

Medidas que se deben tomar
- *Diarrea*
— *aislar;*
— *hacer beber;*
— *tratar.*
- *Estreñimiento:*
— *fruta;*
— *aceite de parafina;*
— *alimentación fresca.*

Botiquín para los trastornos digestivos
- *Aceite de parafina.*
- *Cura intestinal.*
- *Cortadientes.*
- *Zumos de frutas.*
- *Vermífugo.*
- *Producto antipulgas.*

LAS DIARREAS DE ORIGEN
BACTERIANO

La salmonelosis

La salmonelosis se transmite de un animal a otro por vía oral, por ejemplo comiendo alimentos contaminados por las deposiciones de otro. Pero existen animales que son portadores de esta bacteria y que desarrollan la enfermedad a causa del estrés o de una mala alimentación.

Las salmonelas se encuentran en el organismo en una cantidad que no causa la enfermedad, pero tras una crisis de estrés se desarrollan de forma considerable y provocan diarrea.

El contagio también puede producirse con la ingesta de comida sucia, en particular con las legumbres frescas.

Los gerbillos son muy sensibles, y las diarreas debidas a este germen son muy frecuentes. Se aprecia una rápida pérdida de peso y deshidratación, que puede llevar a una muerte rápida.

Hay que tener cuidado con estos animales, puesto que aunque no presenten síntomas todavía pueden estar contaminados y pueden transmitir la enfermedad a otros animales y eventualmente al hombre.

La enfermedad de Tyzzer

La enfermedad de Tyzzer, que provoca diarrea, es específica del ratón y del gerbillo. La bacteria responsable de esta diarrea es muy resistente en el medio exterior: puede sobrevivir todo un año en la cama. La desinfección del medio es por lo tanto fundamental en el tratamiento. La enfermedad tiene lugar sobre todo durante el destete, y la muerte sobreviene en cuarenta y ocho horas. El tratamiento puede hacerse con antibióticos, que mezclaremos con el agua. Todos los materiales en contacto con los animales enfermos tienen que ser desinfectados; para ello, los dejaremos durante una hora en remojo con agua a más 60 C.

LAS DIARREAS PARASITARIAS

Los gerbillos son muy poco propensos a este tipo de afección, y el contagio tiene que ser muy fuerte para provocar diarreas.

El gerbillo parece ser más sensible a los cestodos, que son gusanos que viven en el tubo digestivo. La transmisión se realiza a través de las pulgas.

Además de la diarrea, este parásito puede provocar crisis epilépticas, y el tratamiento consiste en la administración de vermífugos.

Los parásitos pueden provocar retrasos en el crecimiento. En los criaderos, hay que vigilar a los ejemplares más jóvenes.

LAS DIARREAS ALIMENTARIAS

Las diarreas alimentarias o enterotoxémicas son debidas a la excesiva ingesta de alimentos frescos o a un cambio muy brusco en la alimentación.

Si queremos cambiar la alimentación del gerbillo, lo tendremos que hacer progresivamente durante quince días. Por ello, es importante preguntar al vendedor por la alimentación que recibía el gerbillo en la tienda; si este alimento no se encuentra a la venta, le pediremos una muestra que nos permita efectuar una transición lo suficientemente larga.

En la naturaleza, los gerbillos suelen comer frutas o plantas frescas, pero también tienen un mayor desgaste puesto que son más activos y su aparato digestivo está acostumbrado a ingerir este tipo de alimentos.

Las diarreas víricas de los roedores se dan esencialmente en el ratón. A menudo son fulgurantes. El tratamiento consiste en aislar al animal, rehidratarlo dándole de forma regular agua con una pequeña jeringa, administrarle un antibiótico, efectuar una cura intestinal (no más de cinco días) y suministrarle un vermífugo. Nos dirigiremos para ello lo antes posible al veterinario.

También serán necesarias veinticuatro horas de ayuno y la administración de levadura para reconstituir la flora bacteriana.

Antes de volver a la alimentación normal, le daremos pan y heno durante cuatro días.

Los problemas dentales

Los gerbillos presentan a veces las raíces de los molares rotas o descalzas. Al parecer esto se debe a un déficit alimentario: se acumula el sarro y las encías se irritan, el diente se descalza y puede llegar finalmente a caer.

EL CIERRE DEFECTUOSO
DE LOS DIENTES O MALOCLUSIÓN

Esta afección es muy frecuente en el conejo, en el cobaya y en el hámster, pero también puede darse en el gerbillo puesto que sus dientes crecen de forma permanente.

La piedra para roer permite evitar un cierre defectuoso

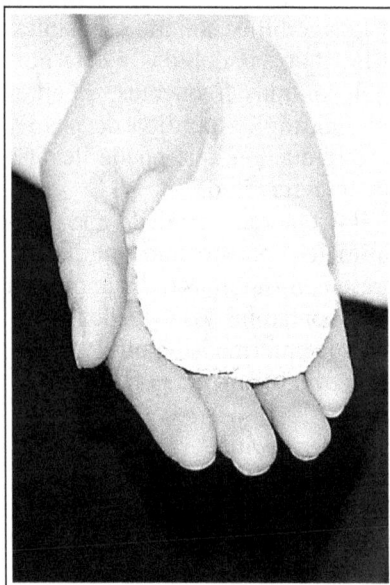

El palpado del vientre permite descubrir algunas enfermedades

El animal ya no se alimenta y babea, puesto que sus dientes crecen y no se desgastan. En efecto, los dientes de los roedores crecen y se desgastan de forma permanente gracias al roce ocasionado por el frotamiento de una mandíbula contra la otra. Cuando se produce un cierre defectuoso, los dientes no se tocan y, por tanto, no se desgastan.

Se trata de una malformación de nacimiento, y en este caso hay que proceder a cortar los dientes.

El desgaste de los dientes se hace más lento en los animales viejos, y por tanto hay que controlarlo de forma regular.

El estreñimiento

Es muy frecuente en la gestación, puesto que el útero grávido (es decir, que contiene embriones) ejerce una presión sobre el aparato digestivo.

Por lo tanto, las hembras gestantes se tienen que vigilar.

Darle alimentos frescos de vez en cuando puede ayudar a erradicar este problema.

Una alimentación demasiado seca o demasiado abundante puede trastornar el tránsito digestivo enlenteciéndolo. En los animales viejos, el estreñimiento es muy frecuente, por lo que tendremos que adaptar la alimentación.

Cuando se presentan tumores en el intestino, el estreñimiento puede constituir un síntoma alarmante. Las deposiciones se vuelven pequeñas, duras y negras, puesto que contienen sangre digerida. El animal tiene mucha sed y a veces presenta parálisis de la parte trasera del cuerpo.

El tratamiento consiste en suministrarle frutas, zumo de tomate en lugar de agua y legumbres verdes.

También le podemos dar aceite de parafina tres veces al día durante dos días. Si nos parece que está demasiado débil, le daremos zumo de naranja con una jeringa.

Lo sacaremos de la jaula siempre que nos sea posible, pues el ejercicio favorece el tránsito intestinal.

Las enfermedades respiratorias

Las enfermedades respiratorias, sobre todo las crónicas, tienen una gran importancia en los roedores y de forma muy especial en los gerbillos.

Las carencias de vitaminas y la mala alimentación son dos factores que favorecen este tipo de afecciones, debido a que se produce una disminución de la resistencia de los animales.

Los principales síntomas son la mucosidad en la nariz, la conjuntivitis con lagrimeo y la dificultad respiratoria, que hace que la boca adquiera un color violeta.

Las neumonías

Los gerbillos son muy sensibles a esta enfermedad, que se desarrolla a menudo después de una crisis de estrés, sobre todo provocada por una excesiva manipulación del animal; este deja de alimentarse, y presenta dificultad respiratoria: los movimientos del vientre al respirar son muy grandes, y se oye un ruido con cada espiración; también puede toser o estornudar bastante, y la nariz gotea.

Esta afección, si no se coge a tiempo y se cura, puede conducir a la muerte del animal.

Las neumonías pueden ser de origen bacteriano, sobre todo causadas por estreptococos. Se transmiten por el aire, de un gerbillo a otro, y hay que suministrar antibióticos.

También pueden ser debidas a virus: el tratamiento es entonces mucho más duro. Sólo un examen complementario realizado por un veterinario podrá determinar el origen de la neumonía y su nivel de gravedad gracias a la auscultación de los pulmones.

En cuanto un gerbillo presenta tos y dificultades respiratorias es importante llevarlo a un veterinario lo más rápidamente posible para que tenga alguna posibilid de curarse.

Las rinitis

Estas afecciones del aparato respiratorio superior son debidas a menudo a las malas condiciones de higiene. Bruscos bajones de temperatura, corrientes de aire o la presencia de demasiado polvo en la habitación pueden provocar rinitis. Los gerbillos jóvenes y los adultos más débiles son los más sensibles.

Presentan goteo de pus en la nariz y en los ojos. Los animales se frotan sin cesar el morro, en el cual aparecen costras.

Los síntomas son espectaculares, pero la enfermedad tiene buen pronóstico, e incluso a veces desaparece de forma espontánea. Se han

de lavar los ojos y la nariz cada día con una gasa mojada con suero fisiológico. Sobre las costras se puede aplicar vaselina.

Tal vez se requiera tratamiento antibiótico, y las inhalaciones son bastante eficaces (se coloca un bote de agua hirviendo junto a la jaula con un comprimido que dilate las vías respiratorias, y se cubren la jaula y el cuenco con una toalla durante diez minutos; en ningún caso se colocará el cuenco dentro de la jaula, pues el gerbillo podría quemarse).

El antibiótico será recetado siempre por el veterinario, porque muchos derivados de la penicilina pueden resultar muy peligrosos para los roedores, destruyen su flora digestiva y les pueden ocasionar la muerte.

Las dificultades respiratorias

El término científico que designa este síntoma es *disnea*. En el gerbillo puede estar provocada por el calor, y entonces recibe el nombre de *heat stroke*.

Una temperatura superior a 28 C, una fuerte humedad, la luz directa del sol, una suave ventilación, agua en cantidad insuficiente, superpoblación y un pelaje demasiado grueso son también factores determinantes para provocar disnea.

El gerbillo ya no puede luchar por sí mismo contra el calor, y su temperatura corporal aumenta.

FICHA TÉCNICA: LOS PROBLEMAS RESPIRATORIOS

Prevención

• *Cuidado con las condiciones climáticas: temperatura, ventilación, luz.*

• *No superpoblar la jaula.*

• *Mantener un aire limpio, sin polvo.*

• *Vigilar las corrientes de aire.*

• *Evitar las variaciones bruscas de temperatura.*

Medidas que se tienen que tomar

• *Aislar al animal.*

• *Veterinario.*

Botiquín de los problemas respiratorios

• *Suero fisiológico.*

• *Gasas.*

• *Productos para inhalaciones.*

• *Vaselina.*

• *Bomba saneadora de aire.*

El animal está cianótico (azul) y la muerte sobreviene rápidamente.

Hay que tener cuidado con las condiciones de vida, y también en caso de que tengamos que transportar los animales: hay que controlar las condiciones climáticas de forma permanente.

Si esto sucede, tenemos que rociar el animal con agua y sumergirlo con prudencia en un baño refrescante o envolverlo en trapos húmedos. Durante los viajes en coche en periodos calurosos llevaremos siempre un trapo y cubitos de hielo.

La patología de la reproducción

Es preferible que los gerbillos vivan en grupos o en parejas. Si esto es así, rápidamente viviremos la reproducción de nuestras mascotas y las enfermedades que suelen acompañar a esta.

Las condiciones de vida

Primero tenemos que saber que hay numerosas enfermedades que son debidas a una mala nutrición, con carencia de oligoelementos, grasas y vitamina E.

La esterilidad de la hembra se relaciona muy a menudo con una fuerte humedad, una temperatura elevada y una mala iluminación.

Los gerbillos pueden presentar también una incompatibilidad con la pareja.

La vejez y la superpoblación son otra causa de la esterilidad.

Para conocer las condiciones perfectas de reproducción, veremos el capítulo correspondiente.

Los tumores

Los tumores en el ovario son muy frecuentes en los gerbillos hembras, y suelen aparecer a los dos años. En las hembras viejas que se han reproducido mucho se presentan a veces quistes en los ovarios, que provocan a menudo una disminución del número de crías en cada gestación.

Resulta muy difícil percibirlo médicamente. Sólo una intervención quirúrgica permite realizar un diagnóstico preciso.

Las crías

El canibalismo

Este fenómeno es muy frecuente en los roedores. Un mantenimiento de la jaula defectuoso puede empujar a la hembra a comerse a sus crías. Otros motivos de esta actitud pueden ser la excesiva manipulación de las crías, una alimentación con carencia de vitaminas durante la gestación, la superpoblación de

la jaula o el hecho de que las hembras sean demasiado jóvenes.

La falta de leche

Esta afección recibe el nombre de *agalaxia*. Puede tener varias causas, como por ejemplo que la hembra sea demasiado joven y presente un desarrollo insuficiente de la glándula mamaria, o que haya recibido una alimentación con algunas carencias.

En ese caso, las crías pueden ser adoptadas por otra hembra. También pueden ser alimentadas de forma artificial, teniendo el cui-

---

PREVENCIÓN DE AFECCIONES DEL APARATO REPRODUCTOR Y DE LA REPRODUCCIÓN

Buenas condiciones de vida y de alimentación

• *Grasas.*

• *Vitamina E.*

• *No superpoblación.*

• *Cuidado con la edad de reproducción.*

• *No demasiada luz.*

• *Temperatura no muy elevada.*

• *Mantenimiento perfecto de la*

dado de protegerlas del frío, que representa una de las principales causas de mortalidad entre los huérfanos.

Otras enfermedades

Enfermedades de los ojos

Son esencialmente las conjuntivitis, que provocan enrojecimiento del ojo y lagrimeo. Pueden deberse a una alergia al sustrato, al heno, a una bacteria introducida en el ojo a causa de un arañazo o a una carencia de vitamina A.

Un colirio antiinflamatorio aplicado durante algunos días suele ser suficiente en la mayoría de los casos.

Los gerbillos mayores son muy sensibles a los problemas oculares. Es necesario limpiarles los ojos todos los días con una gasa y suero fisiológico.

La correcta alimentación y un suplemento en vitamina A son fundamentales en los animales mayores.

Las fracturas

Los gerbillos están muy predispuestos a las fracturas cuando se alimentan sólo con pipas de girasol. Como este alimento les agrada mucho, a veces los dueños tienen tendencia a proporcionárselo en abundancia, con lo que consiguen que los huesos se vuelvan frágiles, debido a la excesiva grasa y al poco calcio que aportan.

Los gerbillos se enganchan a menudo la pata con las rejas de la jaula si la separación entre estas no es la adecuada. En el momento en que tiran para soltarse, se produce la fractura.

Se puede observar entonces que lleva la pata colgando y que deja de apoyarla en el suelo.

Desgraciadamente, en caso de fractura abierta, se recomienda la amputación para evitar una septicemia. Si no, se puede colocar una tablilla y un vendaje.

Las crisis de epilepsia

Las crisis de epilepsia se dan en muchos mamíferos. Se trata de convulsiones cuyo origen está en el cerebro.

Cualquier clase de estimulación (olor, ruido, visión) puede desencadenar una crisis.

Las crisis de epilepsia se caracterizan por convulsiones que se alternan con periodos de calma. El animal presenta los miembros rígidos, al igual que la cabeza; los ojos se giran, y luego todo el cuerpo se relaja. El fenómeno es bastante impresionante, pero finaliza espontáneamente, a los pocos minutos. En el gerbillo, las crisis se pueden desencadenar al coger al animal con la mano o también debido a una variación brusca de las condiciones ambientales (temperatura, luz, ruido).

Un veinte por ciento de los gerbillos suele presentar alguna crisis de epilepsia. Estas crisis, aunque son muy aparatosas, no son peligrosas. Hay que dejar que el animal se calme por sí solo, y vigilaremos también para que no se haga daño colocándolo en una superficie blanda; podemos protegerlo con algodón, por ejemplo.

Para evitarlas, procuraremos avisarlo cuando vayamos a cogerlo y vigilaremos para que no se produzcan cambios bruscos en las condiciones ambientales (por ejemplo, no encenderemos la luz de golpe por la noche).

La hemobartonelosis

En los Estados Unidos, el 94 % de los gerbillos están afectados por esta enfermedad que suele afectar sobre todo a los gatos. Este microorganismo se transmite a través de los insectos o por mordeduras. Un clima caluroso favorece su desarrollo.

El parásito se fija en los glóbulos rojos y provoca anemia.

Seguidamente, el gerbillo se debilita poco a poco. Sólo un análisis de sangre permite identificar con certeza el parásito.

La listeriosis

En los roedores, este germen provoca una infección generalizada o septicémica.

El gerbillo deja de comer y de moverse, y presenta fiebre. Se tienen que administrar antibióticos al animal.

Las enfermedades del gerbillo que se pueden transmitir al hombre

Ahora ya estamos capacitados para detectar cualquier señal anormal del gerbillo y para tomar las medidas oportunas para evitar la propagación de la enfermedad entre los demás gerbillos. Hablaremos aquí de las enfermedades que se pueden transmitir al hombre, para que podamos tomar las medidas preventivas destinadas a evitar un posible contagio.

Los parásitos

Se transmiten muy a menudo por contacto directo entre el gerbillo portador y su propietario. Si observamos una lesión en la piel del animal, haremos que un veterinario establezca un diagnóstico preciso rápidamente.

Puede tratarse de un simple mordisco o del inicio de una afección parasitaria contagiosa.

La tiña es la afección dermatológica más contagiosa y más larga de tratar. Se manifiesta en el hombre por medio de lesiones redondas. No intentaremos tratarlas nosotros mismos, y acudiremos a un dermatólogo.

Ya hemos hablado también de la leishmaniosis cutánea, que es más frecuente en las regiones mediterráneas. En estos casos, una vez establecido el diagnóstico, no quedará más remedio que sacrificar al animal, pues es una enfermedad peligrosa para los humanos: existe una forma cutánea que evoluciona en un año y una forma visceral mucho más grave. No se contagia por contacto directo, sino a través de mosquitos

Los parásitos internos también se pueden transmitir al hombre. Los gerbillos pueden ser portadores de cestodos, que en el hombre pueden causar enteritis. La transmisión se realiza por vía oral, por lo que se recomienda no llevarse los dedos a la boca después de haber tocado el gerbillo. Este consejo se ha de aplicar sobre todo a los niños pequeños.

Una buena higiene después de la manipulación del gerbillo es la base para la prevención de enfermedades parasitarias.

Los mordiscos

Si el gerbillo nos muerde, aunque sea de forma superficial, lo más prudente es desinfectar inmediatamente la herida, por muy insignificante que sea.

En efecto, sus dientes son portadores de numerosos gérmenes que se inoculan en la piel después de una lesión y puede desarrollarse un absceso.

Unos días después del mordisco puede aparecer un poco de fiebre y una pequeña hinchazón de los ganglios que se hallan más cercanos de la herida.

La limpieza de un mordisco se realiza en un primer momento con

Para prevenir estas infecciones, cualquier mordisco tendrá que limpiarse bien de forma local y a veces someterse a una terapia de antibióticos.

agua y con jabón. Luego se aplicará un poco de alcohol o de yodo, y consultaremos al médico para un eventual tratamiento con antibióticos.

Los riesgos de transmisión son, por tanto, mínimos, y las enfermedades que se pueden transmitir, como hemos podido apreciar aquí, no son muy peligrosas.

FICHA TÉCNICA MÉDICA N.° 1:
DAR UN MEDICAMENTO

Con el biberón

Los más sencillo es tratar a los gerbillos con preparados que puedan ponerse en el biberón. En ese caso, tenemos que suprimir el agua durante media jornada para que el animal esté sediento.

A continuación, llenaremos el biberón hasta un cuarto de su capacidad, para estar seguros de que el gerbillo beberá todo el producto. La concentración se tiene que calcular de forma rigurosa para que el medicamento sea eficaz.

Con una jeringa

También podemos administrar un líquido con la ayuda de una jeringa (sin la aguja, evidentemente). Colocaremos la jeringa en la comisura de los labios, por un lado o por el otro, e inyectaremos muy suavemente para evitar una falsa deglución.

Mantener al animal ligeramente inclinado para una mejor ingestión del producto

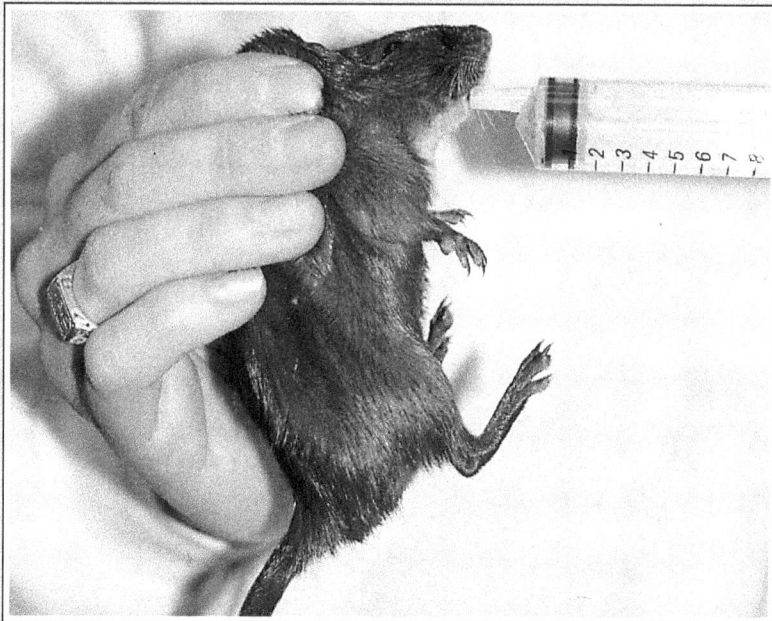

Los comprimidos

Los comprimidos pueden colocarse en los dientes: el animal acostumbra a morderlos sin dificultad.

Poner un colirio

Mantendremos la cabeza del gerbillo hacia atrás.

Toma de un comprimido

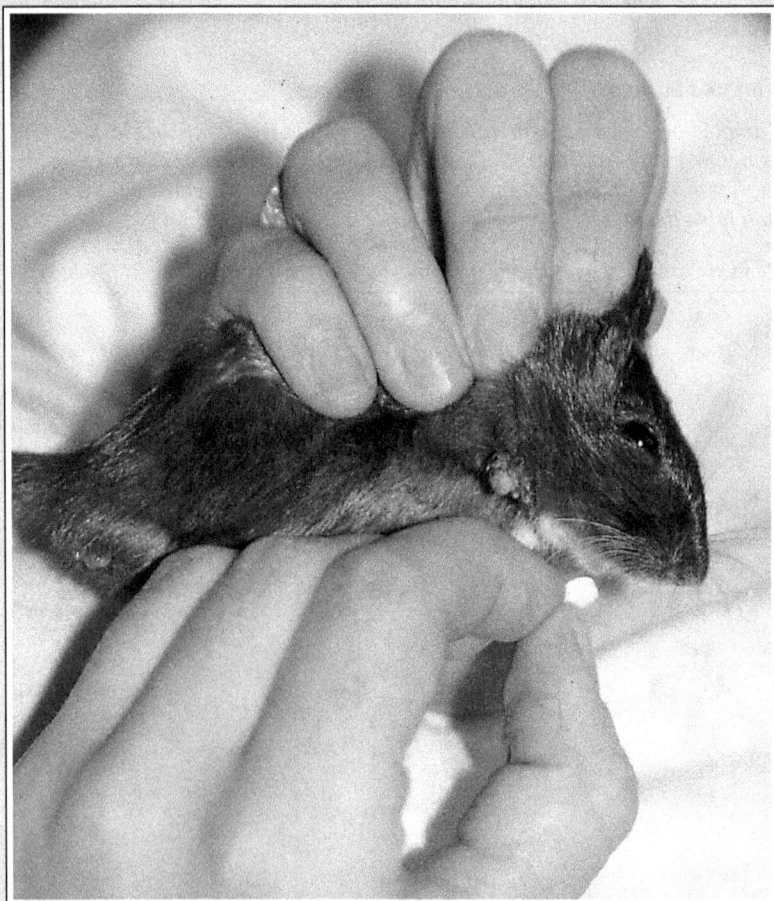

FICHA TÉCNICA MÉDICA N.° 2

Cortar las uñas

Si el gerbillo puede cavar en la jaula, no tendremos que cortarle las uñas, pero si no, tendremos que revisar las uñas una vez al mes, o incluso más a menudo si se trata de animales ancianos. Cogeremos con cuidado al gerbillo y lo sujetaremos por la pata. Localizaremos en la uña el vaso sanguíneo que la riega, y cortaremos justo por debajo.

Cortar los dientes

Esto es muy útil en caso de cierre defectuoso.

Sujetaremos muy bien al animal en nuestra mano, e incluso pediremos a alguien que nos ayude. Pondremos mucho cuidado en que la lengua no nos estorbe, y procederemos a cortarlos con el cortaúñas, sin tocar para nada el paladar. A continuación, limaremos bien los dientes para igualar el corte.

FICHA TÉCNICA MÉDICA N.° 3

Limpiar una jaula

Parece que esto esté aquí fuera de lugar, pero la limpieza de la jaula puede equipararse a un acto médico en la medida en que se evita que se multipliquen los gérmenes.

Esta limpieza «médica» tiene que hacerse una vez a la semana.

Los productos

Tienen que tener acción:
— bactericida (contra las bacterias);
— fungicida (contra los hongos);
— antiparasitaria.

No encontraremos todas las cualidades en el mismo producto: pediremos al farmacéutico un producto limpiador antiséptico; los productos fungicidas se venden por separado; los productos antiparasitarios (contra pulgas y piojos) también son específicos. Por lo tanto, tendremos que aplicar tres tipos de productos diferentes.

La limpieza

- Vaciar la jaula.
- Limpiar con agua y jabón.
- Utilizar un cepillo de uñas para los rincones.
- Limpiar los accesorios.
- Enjuagar.
- Emplear el producto antiséptico.
- Enjuagar.
- Secar.
- Aplicar los polvos antiparasitarios.
- Esperar una hora.
- Aplicar el producto antifungicida.
- Esperar una hora.
- Colocar de nuevo las virutas.
- Introducir al animal en su jaula

FICHA TÉCNICA MÉDICA N.° 4

Desinfectar una herida

Limpiaremos con abundante agua fría para eliminar la suciedad. Cortaremos y afeitaremos los pelos cercanos a la herida. Lavaremos la herida ahora con jabón, con mucho cuidado. Utilizaremos una gasa empapada en suero fisiológico, y desinfectaremos con yodo.

El movimiento para limpiar con la gasa ha de ir desde el centro hacia la periferia de la herida, para evitar llevar a esta las impurezas de los pelos.

Luego aplicaremos una pomada o un polvo antibiótico. Repetiremos la operación por la mañana y por la noche.

Espolvorearemos un poco de pimienta alrededor de la herida si el animal se lame, puesto que con este gesto impediría una cicatrización rápida.

FICHA TÉCNICA MÉDICA N.º 5

Colocar una tablilla

En caso de fractura es la única solución.

Fabricación de la tablilla

El bastón de un helado puede servir. Lo cortaremos en función de la longitud del miembro, y lo envolveremos con algodón para evitar que lesione al gerbillo.

Colocación de la tablilla

Hay que respetar siempre la posición fisiológica del miembro; las patas traseras tienen que estar ligeramente dobladas. Esto permite que el animal pueda caminar aunque la articulación esté sujeta. Hay que colocar la tablilla en la cara interna del miembro y sujetar con una venda y esparadrapo. La tablilla tiene que dejarse en su sitio por lo menos tres semanas, verificando cada día su posición. Puede administrar al gerbillo un suplemento de calcio.

FICHA TÉCNICA MÉDICA N.º 6

Botiquín general

- Vendas.
- Esparadrapo.
- Venda adhesiva.
- Tablillas.
- Gasas.
- Yodo.
- Pomada antibiótica.
- Solución antimicótica.
- Polvo antiparasitario.
- Antibiótico (consultar con el veterinario).
- Aceite de parafina.
- Cura intestinal.
- Cortadientes.
- Cortaúñas.
- Zumo de frutas.
- Vermífugo.
- Producto antipulgas.
- Suero fisiológico.
- Productos para inhalación.
- Vaselina.
- Bomba saneadora del aire.

La higiene

Noción de higiene

Tanto si tenemos un gerbillo por placer como si tenemos un criadero, las condiciones de higiene del animal en cautividad son muy importantes para el bienestar y la salud de este pequeño roedor.

Sólo si respetamos algunas normas básicas de limpieza evitaremos enfermedades al animal, y que estas se transmitan a otros ejemplares o a los humanos.

También es necesario que los niños aprendan estas normas de higiene.

Con el término *higiene* se agrupan una serie de medidas muy precisas en el ámbito profesional, y también una serie de nociones no menos importantes para aplicar en el ámbito familiar.

La higiene doméstica

Engloba una serie de gestos que hay que tener en cuenta cuando tenemos un gerbillo en casa.

La colocación de la jaula

La jaula debe colocarse en un lugar que sea fácil de limpiar (con baldosas, por ejemplo). Es cierto que normalmente se tiene a los animales dentro de la habitación, pero la moqueta es un refugio ideal para los parásitos. Si su gerbillo está infectado con parásitos, estos tendrán problemas para sobrevivir en las baldosas, pues son más fáciles de limpiar. Si decidimos poner la jaula en la habitación, tendremos que pasar la aspiradora todos los días.

La limpieza

Consultaremos la ficha «Criador n.º 1».

Lo más importante es respetar un ritmo de una vez al mes por lo menos para una limpieza a fondo, aunque el gerbillo no es un animal sucio. La elección de los productos es importante: los desinfectantes deben ser potentes.

Al cambiar las virutas, utilizaremos guantes para evitar el contacto con los excrementos.

El animal

Un gerbillo, como la mayoría de los roedores, no se puede lavar en una bañera, por lo que no podemos actuar en este aspecto de la higiene. Sin embargo, debemos ser nosotros quienes establezcamos las medidas de higiene en el contacto con el animal. Es importante evitar manipular alimentos después de haber tocado al gerbillo: los parásitos que puede llevar en la piel podrían contaminar los alimentos.

Después de cada manipulación, se recomienda lavarse muy bien las manos.

No hay que tomarse estas medidas como un contratiempo o un castigo. Nosotros no vivimos en las mismas condiciones de higiene que el animal, por lo que hay que instaurar un equilibrio.

El ser humano establece a menudo con el animal relaciones afectivas en las que se incluyen besos y caricias. El gerbillo no es muy sensible al contacto de los labios en la piel; por lo tanto, es inútil transferir una actitud típicamente humana. Las relaciones físicas pueden centrarse en las caricias, sobre todo en el cuello, muy apreciadas por los animales (más que las realizadas en la cabeza, que expresan dominación).

Sujetándolo así, el animal se siente seguro

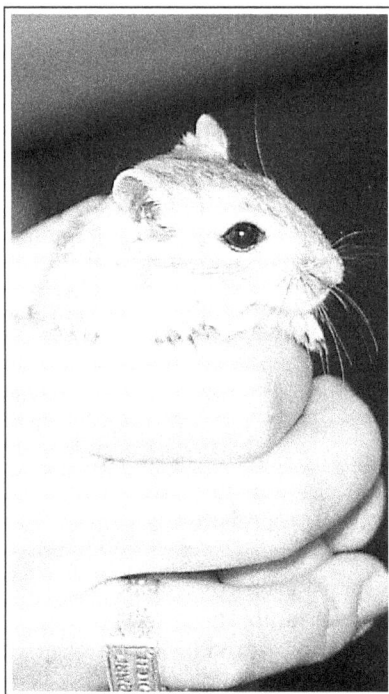

La alimentación puede ser un medio para que nos acerquemos a nuestro gerbillo: podemos establecer relaciones afectivas permitiéndole comer en nuestra mano.

La higiene profesional

Trataremos aquí los problemas de limpieza que se les pueden plantear a las personas que desean establecer un criadero. Los contagios del exterior y entre gerbillos son muy rápidos.

Por lo tanto, la higiene es muy importante para reducir la transmisión de gérmenes responsables de las enfermedades.

Los contagios se multiplican debido a la promiscuidad de los animales.

La higiene sigue siendo la principal medida de prevención de las enfermedades contagiosas y de su expansión. Esto garantiza también el perfecto estado de salud de los animales que se van a poner a la venta.

La limpieza completa de todas las superficies del criadero, tanto si están en contacto directo con los animales como si no lo están, permite eliminar los virus, las bacterias y los parásitos, así como sus larvas y sus huevos.

Esta «gran limpieza» se ha de aplicar también a los materiales utilizados, como biberones, cuencos y escobas.

Higiene y acondicionamiento

Gestos precisos, en un orden preciso, con productos específicos,

REGLAMENTACIÓN PARA LA CREACIÓN DE UN CRIADERO

Si queremos establecer un criadero, tendremos que pedir información sobre la documentación necesaria a la dirección de los servicios veterinarios de nuestra provincia.

son la clave de una buena higiene. Sería indispensable también una enfermería en cada criadero, aunque a veces no se dispone de suficiente espacio; esto permitiría aislar a los animales enfermos, primera medida de prevención. Al acondicionar los locales hay que tener en cuenta la desinfección. La evacuación de las aguas y de los excrementos es fundamental. Un plano inclinado y un suelo de baldosas son perfectos. Hay que tener cuidado con las rejillas y los periódicos, que no siempre respetan las nociones de asepsia. Una fuente de agua es indispensable cerca de cada zona donde estén los animales.

La elección de las jaulas tiene que hacerse también en función de las normas de higiene. Las jaulas de hierro que se superponen unas sobre otras se desaconsejan. Las jaulas demasiado altas, también. Las paredes de cristal son muy prácticas porque permiten una limpieza fácil además de una visión perfecta del animal. Las construcciones con ladrillos son preferibles a las de madera.

Los suelos comunes con paredes que establecen los distintos compartimentos permiten distribuir bien el espacio y limpiar con un chorro de agua todo el suelo a la vez, el mejor método de limpieza. Un sistema de ventilación es indispensable, pues la mayoría de los agentes patógenos se propagan por el aire.

La limpieza

Estas operaciones tienen que estar aseguradas por la mañana y por la noche sin excepción. Hay que tener en cuenta que la mayoría de los desinfectantes se inactivan por las materias orgánicas (comida, heces), y la mejor manera de eliminar estos residuos orgánicos es quemarlos, pues son una fuente de contaminación humana y animal muy importante. Es primordial pasar la jaula por el desinfectante cuando ya esté completamente limpia.

Una vez realizada la limpieza conviene volver a colocar a cada animal en su jaula, pues si esto no se respeta puede ser una fuente de contagio. Por otra parte, habrá que realizar esta operación con calma para evitar estresar a los gerbillos.

Todos los desinfectantes tienen que utilizarse sobre superficies que ya han sido lavadas. A continuación, podremos luchar contra los gérmenes con un producto más específico. Una solución desinfectante sobre una superficie sucia no elimina los gérmenes.

Los productos

No son más eficaces por el hecho de estar concentrados, y hay que respetar en todo momento las disoluciones indicadas. Hay que tener cuidado porque a veces los gerbillos desarrollan rápidamente alergias cutáneas a determinados productos. Sería útil utilizar siempre el mismo producto cuando ya sabemos que los animales lo toleran, pero es necesario irlo cambiando para evitar que los gérmenes se acostumbren a él y deje de ser eficaz.

El enjuague final con un gran chorro de agua se hace indispensable para borrar los restos de desinfectante.

Cuando escogemos un producto, tenemos que diferenciar los desinfectantes, los limpiadores y los desodorantes. Por razones evidentes de economía, resulta interesante encontrar las tres propiedades en el mismo producto, pero como es bastante raro que encontremos algo así siempre tendremos que dar prioridad a las cualidades antisépticas y desinfectantes del producto.

Si utilizamos varios productos, hay que tener cuidado con las asociaciones. Algunos productos son antagonistas (sus propiedades se anulan cuando se utilizan uno detrás de otro), y otros son sinérgicos (se entienden perfectamente). Leeremos con atención los prospectos, pues los fabricantes suelen anotar este tipo de cosas.

Los polvos decapantes mezclados con agua muy caliente se utilizan para evitar la acumulación de grasas, que encierran microorganismos responsables de los malos olores.

Para escoger un producto y sobre todo para utilizarlo de forma eficaz es necesario saber lo que se quiere destruir: virus, bacterias u hongos.

Contra los virus, los productos a base de hipoclorito (lejía) son muy eficaces, así como los productos a base de clorexidina o de cloraminas.

Los bactericidas matan las bacterias, y los fungicidas, los hongos.

Lo ideal es tener un producto que sirva para las tres cosas (hay algunos que son muy buenos). Si el presupuesto es muy limitado, podemos utilizar los productos para limpiar los suelos que se venden en las grandes superficies. En estos casos, sólo hay que recordar que debemos ser un poco más estrictos

y que tendremos que realizar dos lavados, uno con la fregona y otro con una esponja por los rincones; a continuación, dejaremos secar bien. Los productos más potentes tienen que enjuagarse.

La conservación de estos productos es importante. Los dejaremos en el recipiente en el que venían al comprarlos (normalmente, es el lugar más apropiado). Tendremos mucho cuidado de cerrar bien los botes, y luego los guardaremos en un lugar seco y protegidos de la luz. Es importante utilizar los productos teniendo en cuenta los porcentajes de disolución que se indican en las instrucciones: una concentración demasiado fuerte no es más eficaz, y puede ser más corrosiva. Utilizaremos siempre los guantes.

Para el suelo, la lejía es muy eficaz. Si limpiamos las jaulas con lejía hemos de tener cuidado, pues se pueden producir intoxicaciones: habrá que enjuagar muy bien.

La localización de los animales enfermos es una medida de higiene. Los animales tienen que examinarse todos los días. Esto permite observarlos y manipularlos. Sus defecaciones tienen que vigilarse (ritmo, color, consistencia).

El respeto de todas estas medidas es la única solución para tener animales sanos, lo que corresponde a un criador, aunque la productividad y la rentabilidad sean prioritarias para él.

**FICHA CRIADOR N.º 1: LAS CONDICIONES ÓPTIMAS
DE UTILIZACIÓN DE UN DESINFECTANTE**

• *Cualquier desinfectante es más eficaz utilizado a una temperatura elevada: lo mezclaremos con agua caliente.*

• *Es importante que esté el tiempo necesario en contacto con los gérmenes: limpiaremos por la noche y enjuagaremos por la mañana las superficies que no están en contacto con los animales.*

• *Cuando el desinfectante se prepara con poco tiempo de antelación, es más eficaz: no debemos guardarlo más de veinticuatro horas.*

• *Después de utilizarlo, el desinfectante se contamina con bacterias: no echaremos más producto en una solución ya utilizada.*

• *Tampoco añadiremos más agua, puesto que la eficacia disminuye.*

Las condiciones mínimas

• *Los desinfectantes se inactivan con el pus, los excrementos o la comida.*

• *El agua demasiado dura inactiva los productos a base de esencia de pino.*

• *El contacto con corcho, caucho, madera, algodón y materias plásticas inactiva muchos productos: tendremos cuidado con cuencos y escobas.*

**FICHA CRIADOR N.º 2: DESINFECCIÓN DE LAS MANOS:
LA IMPORTANCIA DE SUBIRSE LAS MANGAS
Y LAVARSE BIEN LAS MANOS**

• *El lavado con jabón: nos quitaremos las joyas y el reloj, y nos subiremos las mangas para lavarnos bien los antebrazos.*

• *El jabón en pastilla es excelente, pero resulta más fácil utilizar el jabón líquido.*

• *Es necesario realizar dos lavados: uno sencillo, como hacemos normalmente, y otro más en profundidad, utilizando un cepillo para cepillarnos las uñas, que debe durar dos o tres minutos para que sea eficaz.*

• *El enjuague: esta fase se realiza a menudo muy mal, y debe utilizarse mucha agua.*

> • *El secado: generalmente nos olvidamos de él. El secado por ventilación (tanto con un secador como moviendo las manos en el aire) es mucho más higiénico que con una toalla. Podemos utilizar pañuelos desechables.*
>
> • *Finalmente, podemos pasarnos un poco de alcohol por las manos.*
>
> *El lavado de las manos tiene que hacerse antes y después de manipular los animales. Pensaremos siempre que se trata de la principal fuente de contaminación, y que los mejores métodos para luchar son los más sencillos. Sólo hace falta que los apliquemos.*

El material

Todos los instrumentos que utilizamos y también los materiales grandes como las mesas son una fuente de contaminación muy importante. Su esterilización es por lo tanto fundamental. La limpieza tiene que preceder a esta fase: no podemos olvidarnos de lavar las partes más pequeñas de un aparato, por ejemplo, y desmontarlo después de cada utilización si es necesario. Los gérmenes saben esconderse. En los materiales que están muy sucios podemos realizar un prelavado sumergiéndolos en un recipiente que contenga una solución antiséptica. El enjuague y sobre todo el secado evitarán la erosión rápida del material si se realizan de forma minuciosa.

La conservación del material después de la limpieza y la esterilización es muy importante. Evitaremos dejarlo al aire libre. Botes herméticos de hierro son perfectos porque evitan el contacto con el polvo y la luz y preservan de la humedad. También estaremos muy atentos a la ropa (toallas, guantes, trapos) que utilizamos: no debe guardarse sucia durante mucho tiempo en el fondo de un cesto. Si es posible, utilizaremos una lavadora solamente para este tipo de ropa, y tendremos cuidado también a la hora de guardarla: un armario que tengamos que abrir continuamente se contamina fácilmente, y es mejor utilizar cajones. Existen dos procedimientos para la esterilización: el calor seco y el calor húmedo. Los dos son rápidos y eficaces, pero el segundo es mucho más caro. En los aparatos que se utilizan para este fin la temperatura suele subir entre 120 y 180 C. Existen también medios químicos que utilizan soluciones antisépticas o pastillas que liberan vapores de formol.

Tú y tu gerbillo: lo que los niños deben saber

Nos dirigimos ahora de forma más específica a los niños que desean adquirir un gerbillo. Esto les permitirá conocer las nociones esenciales adaptadas a su nivel, sin tener que leer todo el libro.

Un ser vivo ante todo

Tu gerbillo no es un animal de compañía como los demás. No está acostumbrado a vivir con los hombres, y tendremos que domesticarlo un poco cada día.

Tampoco se trata de un juguete: tienes que respetar su ritmo de vida. Debes conocer todo aquello que necesita para que esté contento.

También tienes que plantearte muchas preguntas antes de comprarlo, para estar seguro de que podrás cuidarlo como se merece.

Será mejor que si todavía no tienes por lo menos ocho años, esperes a ser un poco más mayor. A esta edad ya podrás adquirir ciertas responsabilidades con respecto al animal, y también podrás aprender las normas fundamentales para su bienestar.

Debes leer muchos artículos sobre el gerbillo antes de ir a comprarlo: esto te permitirá hablar con el vendedor y no dejarás que nadie te engañe.

Una responsabilidad ante todo

Tendrás que ocuparte de él durante toda su vida, y cuidarlo si está en-

Acróbata, el gerbillo está continuamente en movimiento

DETALLES QUE DEBES TENER EN CUENTA

El gerbillo es un mamífero. Todos los mamíferos amamantan a sus crías y tienen pelos.

En concreto, es un roedor. A todos los roedores les crecen los dientes sin cesar; así, el gerbillo tiene cuatro incisivos arriba y abajo que le crecen de forma continua.

Vive en las zonas desérticas de Asia y África.

La variedad más extendida es el gerbillo de Mongolia. Mongolia es un país situado entre Rusia y China.

Los gerbillos viven en grupos, y se desplazan corriendo o saltando como los canguros.

Es muy importante reconstruir lo más fielmente posible en cautividad las condiciones naturales.

La alimentación es muy importante para el equilibrio de tu gerbillo.

fermo. Tus padres podrán ayudarte, pero tú eres el responsable.

Tus responsabilidades como dueño

• Darle de comer y de beber todos los días.
• Limpiar la jaula por lo menos una vez a la semana.
• Observarlo todos los días para saber si está enfermo.
• No olvidarte de hacer las reservas de comida y de virutas una vez al mes.
• Ahorrar para comprar todo lo que necesite, puesto que se trata de tu mascota.

LIMPIAR LA JAULA

Prepara una bolsa de basura de cien litros. Coge con cuidado el gerbillo y ponlo en una caja de cartón para zapatos agujereada.

Vacía las virutas introduciendo en la bolsa de basura el fondo de la jaula. Esto evitará que se te caigan al suelo. Lleva enseguida la bolsa al contenedor para no olvidarte.

En el jardín o en el baño, enjuaga el fondo de la jaula. Coge una esponja y un producto para lavar los platos y limpia a fondo, sobre todo en los rincones. Enjuaga bien con agua templada y sécalo.

Limpia sus juguetes, los cuencos, etc., con un cepillo de dientes.

Coloca todo de nuevo en su sitio.

La compra de tu gerbillo

Antes de comprar un gerbillo

Pide permiso a tus padres. Tienes que tener previsto el lugar donde vas a colocar la jaula.

LAS PREGUNTAS QUE TIENES QUE PLANTEARTE

¿Dispongo del dinero necesario?
Sí / No

¿Dispongo de tiempo?
Sí / No

¿Conozco lo suficientemente bien este animal?
Sí / No

¿Dónde puedo encontrar más infor-mación?
En este libro, tienes que leerlo.

¿Qué debo hacer si está enfermo?
Tienes que encontrar a un veterinario cerca de tu casa que sepa curar a los roedores. Pega una etiqueta con su nombre y su teléfono cerca de tu escritorio.

¿Qué debo hacer cuando me vaya de vacaciones?
Tienes que encontrar a alguien que se ocupe de él cuando tú no estés.

¿Se entenderá bien con mis otros animales?
Tienes que tener cuidado: lee lo que se dice en la pág. 55.

¿Quien se ocupará de él?
Tú, evidentemente.

Al gerbillo le gusta tener amigos

Si ya has respondido a todas estas preguntas, puedes pasar a la siguiente etapa.

Compra la jaula y los accesorios.

La jaula tiene que colocarse en lo alto y tendrá una rejilla muy fina. Esto permitirá que tu gerbillo pueda saltar sin engancharse las patas en los barrotes.

Si no tienes bastante dinero para comprar una jaula grande, compra un terrario de plástico con una tapa.

Piensa un lugar para colocarlo.

Cómo escoger tu gerbillo

Tienes que ir a una tienda de animales, observar los gerbillos que tienen y no comprar nada la primera vez. Dirígete a otras tiendas y sigue observando.

Vuelve a tu casa y plantéate si realmente es este el animal que deseas.

¿Cuántos comprar?
Es preferible comprar dos.

¿De qué color?
Como más te guste. En la naturaleza sólo hay gerbillos de color leonado, pero los criadores han seleccionado otros colores.

¿De qué edad?
Tiene que tener entre cinco y seis semanas.

¿De qué sexo?
Como quieras, pero elige los dos del mismo sexo si no quieres enfrentarte a un parto tras otro. Para saber cuál es su sexo, dales la vuelta y localiza el orificio anal y el orificio urinario (son dos pequeños puntos). Si están separados, se trata de un macho; si están juntos, será una hembra.

¿Cuál escoger?
Coge el que te parezca más despierto, y el que venga rápidamente hacia ti.

Los animales que no se mueven no es que sean más tranquilos: pueden estar estresados, y no se domestican fácilmente.

Comprueba que:

— la nariz no le gotea;
— los ojos están abiertos;
— la piel no presenta problemas;
— el vientre está blando;
— los pelos están limpios.

Para ahorrar un poco

EL GERBILLO

Pregunta a tus amigos si tienen gerbillos.

Si encuentras un macho y una hembra, puedes hacer que tengan crías y poner luego un anuncio en la escuela.

En fila india...

También puedes comprar todo (gerbillo y jaula) a medias con un amigo. Cada uno tendrá el gerbillo en su casa una semana.

LA JAULA

Pregunta a tu alrededor si alguien tiene un acuario que ya no utilice: podrás convertirlo en un excelente terrario.

EL BIBERÓN

Coge una pequeña botella de agua mineral, y ponle el tapón. Haz un agujero, pasa un pequeño tubo de plástico por él y coloca una bola dentro para que el agua no caiga de forma continua.

LOS JUGUETES

Para hacer un túnel, corta los extremos de una botella grande de agua mineral. Recoge también en el bosque algunas ramas de árbol que hayan caído.

Los accesorios que podemos buscar

LO QUE HAS DE COMPRAR	
• *La jaula.*	• *El cuenco.*
• *Las virutas.*	• *El bebedero.*
• *La comida.*	• *Bolsas de basura.*
• *Los juguetes.*	
• *La cabaña.*	• *Arena.*

El gerbillo no se siente muy a gusto en una rueda

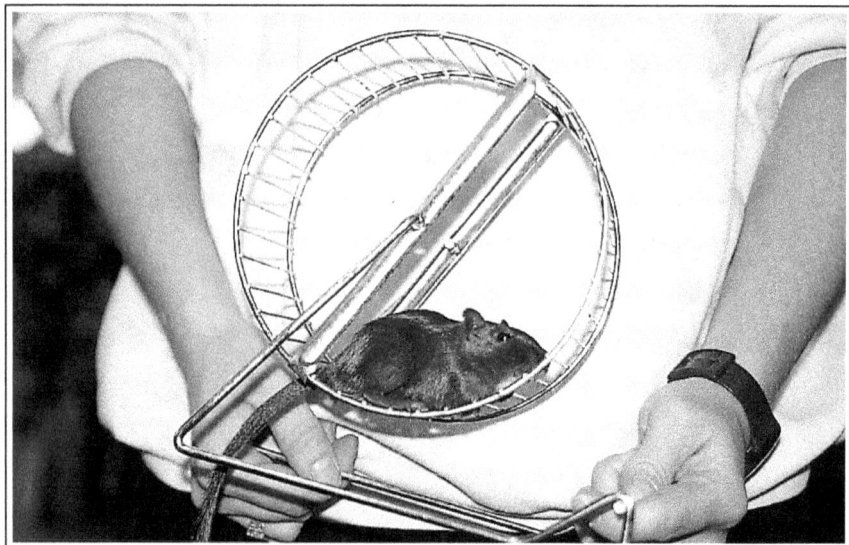

La jaula

Tienes que colocarla en un lugar protegido de las corrientes de aire pero que esté bien aireado. No debe estar a pleno sol pero tampoco completamente a oscuras.

Una jaula sencilla pero bien arreglada puede servir perfectamente

LOS LUGARES QUE TIENES QUE EVITAR

— Cerca de una ventana;
— cerca de una puerta;
— cerca de una lámpara;
— cerca de una cadena de música (el gerbillo, aunque no oye muy bien, siente las vibraciones).

LOS LUGARES ACONSEJADOS

— Al lado de una gran planta que haga un poco de sombra;
— junto a un muro, para evitar las corrientes de aire;
— sobre un pequeño taburete, para que no sufra las diferencias de temperatura del sol.

PREPARA LA JAULA

Coloca una capa de virutas de 5 cm más o menos en el fondo. Si tienes un terrario puedes poner solamente arena. Coloca luego pequeñas planchas a lo alto para que se suba.

Ponle también un refugio. Cuelga el biberón lo bastante alto.

Coloca el comedero y la comida. Prepara todo esto una semana antes

El gerbillo necesita un buen sustrato de virutas y paja

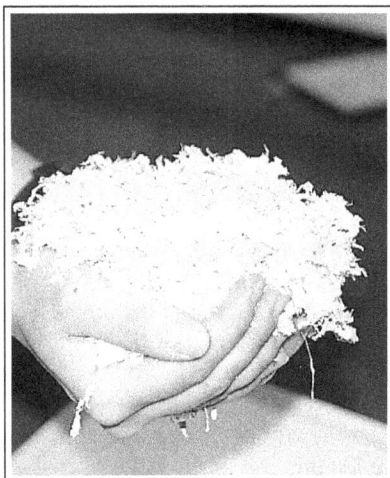

de la llegada de tu gerbillo, para que el olor a nuevo haya desaparecido.

Su comida

Lo mejor es darle granulados de los que se venden en las tiendas; evita darle demasiado a menudo alimentos frescos como la lechuga o las frutas, porque esto le provoca diarrea.

Los gerbillos son herbívoros, y los granulados se suelen fabricar con plantas.

El heno

Tienes que dárselo todos los días, puesto que esto le permite gastarse los dientes de forma regular, además de facilitar su tránsito digestivo.

Tendrás que darle cada día a cada gerbillo 15 g de comida.

El agua

Puedes darle la del grifo, pero es necesario cambiarla todos los días.

Las «golosinas»

Una vez a la semana, puedes darle a tu gerbillo algunas pipas de girasol. También puedes darle de vez en cuando algunos copos de cereales de los que tomas en el desayuno.

Un cuenco para el agua de barro cocido no sufrirá los ataques de este roedor

Algunas golosinas para amaestrar al gerbillo

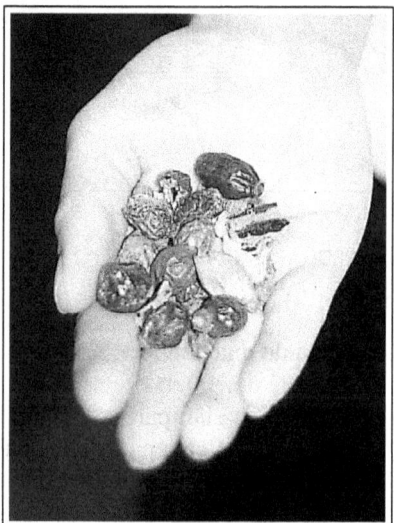

Sus enfermedades

Un gerbillo enfermo se queda quieto en su rincón y su pelaje parece mojado.

La diarrea

Observa si su vientre está sucio. Si es a sí, es probable que tenga diarrea. Quítale toda la comida y deja solamente el agua no muy fría durante todo un día. Dale a continuación heno durante tres días.

Si esto no es suficiente, llévalo al veterinario.

La piel

Cualquier pérdida de pelo es anormal. Llévalo al veterinario, ya que puede tratarse de una enfermedad de la piel contagiosa.

Las heridas

Tienes que lavarlas con jabón y desinfectarlas con alcohol. Aunque quieras mucho a tu gerbillo, no debes abrazarlo. Acarícialo y lávate las manos después, ya que si no puede contagiarte gérmenes.

No te olvides jamás de que un gerbillo sólo vive entre tres y cinco años. Tienes que saberlo, porque si

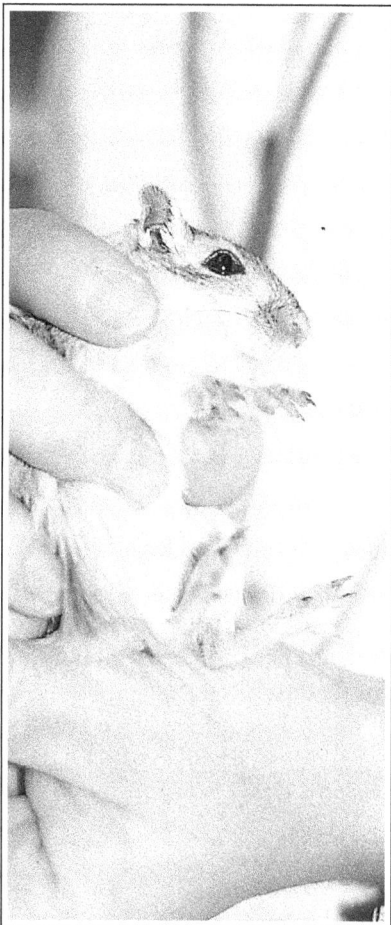

Esta es una buena forma de sostener al gerbillo en las manos

no lo pasarás muy mal cuando muera. Si ya sabes de antemano que no vivirá mucho tiempo, podrás irte preparando para cuando llegue el momento.

Los demás roedores de compañía

El hecho de haber elegido un gerbillo como mascota no es un impedimento para conocer las cualidades de otros roedores.

Proponemos aquí algunas fichas recapitulatorias sobre los roedores que se pueden tener en casa, aunque sin mezclarlos con los gerbillos.

LA ARDILLA LISTADA DE COREA

Nombre científico
Tamia striatus (tamia listada).

Comportamiento
Es activa de día (diurna) y muy sociable, pero prefiere vivir sola. Es trepadora y cava madrigueras.

Forma de vida en compañía
La jaula ideal es una pajarera de 1,80 m x 1,50 m x 1,50 m.
    El sustrato tiene que ser vegetal.
    Es preferible dejarla salir de su jaula de vez en cuando. No se aletarga en invierno cuando está en cautividad (en la naturaleza, lo hace de octubre a abril).

Reproducción
Madurez sexual: 11 meses.
    Periodo de reproducción: primavera-verano.
    Gestaciones por año: 4.
    Crías por gestación: de 3 a 5.
    Duración gestación: 40 días.
    Duración lactancia: 10 semanas.

Esperanza de vida
5 o 6 años.

LA CHINCHILLA

Nombre científico
Chinchilla laniger.

Se ha criado en cautividad por su piel. Forma parte de la lista 1 de la Conven- ción de Washington: esto significa que está protegida en estado salvaje. Por lo tanto, solamente se pueden poseer en casa animales que hayan nacido en criaderos.

La chinchilla

En estado salvaje es de color gris claro, pero en la actualidad existen muchas mutaciones de color en los criaderos (chinchilla de cabeza negra, blanca, beis y gris).

Pesa cuando llega a la edad adulta entre 400 y 600 gramos.

Comportamiento

En libertad, la chinchilla vive en los Andes a 4.000 m de altitud, en zonas secas y frías. Se encuentra en Perú, en las islas Chili y en Argentina.

La chinchilla es un animal nocturno, de carácter fuerte y curioso. Es muy activa durante la noche.

Es muy miedosa, y hay que acercarse a ella con suavidad y dulzura. No siempre soporta la vida en pareja, puesto que los combates son frecuentes. No se aletarga durante el invierno.

Es un animal muy limpio.

Forma de vida en compañía

Necesita mucho espacio; una jaula tipo pajarera de 1,80 m x 1,50 m x 1,50 m le permite evolucionar libremente y trepar. Se tienen que colocar ramas y un refugio.

Es necesario también poner pequeñas planchas formando estanterías que le permitan saltar de una a otra.

La habitación tiene que estar en un lugar tranquilo y sobre todo no debe ser muy calurosa.

La cama puede estar formada por heno, serrín o arena para gatos. Un recipiente de arena es indispensable: el animal se rebozará dentro de forma regular, y con esto consigue que su pelaje se hinche y elimine el exceso de sebo.

Reproducción

Madurez sexual: 8 meses.

Periodo de reproducción: de noviembre a mayo.

Número de crías por gestación: 2.

Duración de la gestación: 111 días.

Duración de la lactancia: 7 semanas.

Esperanza de vida

De 8 a 9 años de media, pero puede llegar a los 20 años. Es el roedor de compañía que vive más tiempo.

Principales enfermedades

Es muy sensible a las infecciones y a la rinitis.

Puede presentar afecciones de la piel (piojos, sarna, tiña) que provocan una pérdida de pelo. Es sensible como todos los roedores a los trastornos digestivos (diarrea).

La temperatura normal es de 36 a 38 C.

Para evitar todas estas enfermedades, tenemos que ocuparnos del mantenimiento de la jaula y limitarnos a la alimentación propuesta por el vendedor, puesto que los cambios bruscos, al igual que la alimentación demasiado fresca (frutas, ensalada), provocan diarreas.

Nombre científico
Mesocricetus auratus (hámster dorado).

Comportamiento
Duerme durante el día y se vuelve activo por la noche. Existe una posibilidad de aletargamiento si la temperatura se sitúa por debajo de los 10 C. Es muy huidizo y le gusta mucho esconderse. Prefiere estar solo, y las hembras atacan a menudo a los machos. No hay que molestarlo cuando duerme.

Forma de vida en compañía
Una jaula grande, fácil de limpiar y de metal (en caso contrario la roe) resulta muy conveniente. El sustrato tiene que estar compuesto de serrín de madera o de virutas. Le gusta jugar: tendremos que ponerle algunas ruedas, túneles... y no tenemos que olvidarnos de los escondrijos.

El hámster

Reproducción
Madurez sexual: 2 meses.
Periodo de reproducción: primavera-verano.
Número de gestaciones al año: 6.
Número de crías por gestación: de 4 a 12.
Duración de la gestación: 16 días.
Duración de la lactancia: 3 semanas.
Peso al nacer: 2 gramos.
Determinación del sexo: la distancia anogenital es dos veces más grande en el macho.

Esperanza de vida
2-3 años.

Principales enfermedades
La temperatura normal suele ser de 37 a 38 C. Se pueden producir pérdidas de pelo por carencia de vitaminas o por parásitos (piojos, pulgas). Puede tener diarrea y es muy sensible a las afecciones pulmonares. Para evitar todas estas afecciones, tenemos que darle suplementos vitamínicos, no poner la jaula en un lugar frío y proporcionarle alimentos frescos (lechuga, fruta) una vez a la semana.

Variedades
Existen muchos tipos de hámster: ruso, saphir, Roborosky, angora...

Nombre científico

Cavia porcellus.

También recibe el nombre de *cobaya*. Este simpático roedor es originario de América del Sur.

Comportamiento

Es muy sociable, le gusta vivir en pareja y puede convivir con los conejos enanos. Al contrario que algunos roedores como el hámster, permanece ac-

El conejillo de Indias

tivo por el día. Muerde y araña muy poco, y es muy dócil. Se comunica con pequeños ruidos.

Forma de vida en compañía
La jaula tiene que ser grande: 60 cm x 40 cm x 50 cm como mínimo (más si son varios). Hay que ponerle juegos, puesto que es muy propenso a la obesidad y tiene que realizar ejercicio. Prefiere los cilindros a las ruedas. Necesita también un refugio. No tiene tendencia a roer todo como otros roedores, por lo que no es imprescindible que la jaula sea muy resistente. La madera o el plástico pueden ser adecuados. La temperatura no debe ser inferior a los 10 C, ni superior a los 30 C.

Reproducción
Madurez sexual: 3 meses.

Periodo de reproducción: durante todo el año.

Gestaciones al año: entre 4 y 5.

Crías por gestación: de 3 a 4.

Duración de la gestación: entre 63 y 70 días.

Duración de la lactancia: 3 semanas.

Peso al nacer: 100 gramos.

Determinación del sexo: la distancia anogenital es dos veces más grande en el macho.

Esperanza de vida
4-8 años.

Principales enfermedades
La temperatura normal es de 38 a 39 C. Tiene un corazón bastante delicado, y tenemos que evitar cogerlo desprevenido o hacer mucho ruido. Sus dientes a veces crecen demasiado y le impiden comer: en estos casos tendremos que cortárselos.

Es sensible a las afecciones de la piel, y una buena higiene de la jaula permite evitarlas. Puede sufrir cistitis o neumonía. Es muy sensible a la falta de vitamina C.

Variedades
El conejillo de Indias de angora, rosette, peruano...

LA RATA

Nombre científico
Rattua norvegicus.

Comportamiento
La rata se domestica muy bien, es muy inteligente y muy juguetona. Es fiel a su amo, y se muestra más activa durante el día que durante la noche.

Forma de vida en compañía
La rejilla de la jaula tiene que ser muy fina, puesto que si no se le pueden quedar atrapadas las patas. El sustrato debe estar formado por virutas, y es preferible evitar el serrín. Un refugio y ruedas u otros juegos son necesarios.

Reproducción
Madurez sexual: 2 meses.
Periodo de reproducción: todo el año.

Gestaciones al año: de 6 a 8.
Crías por gestación: de 7 a 8.
Duración de la gestación: 21 días.
Duración de lactancia: 3 semanas.

Esperanza de vida
3 años.

Principales enfermedades
La temperatura normal es de 37 a 38 C.

Es muy sensible sobre todo a las afecciones de la piel y a las afecciones respiratorias. Se requiere, por tanto, una buena higiene de la jaula y evitar las corrientes de aire o fuentes de frío.

Variedades
Puede ser blanca o de color.

La rata

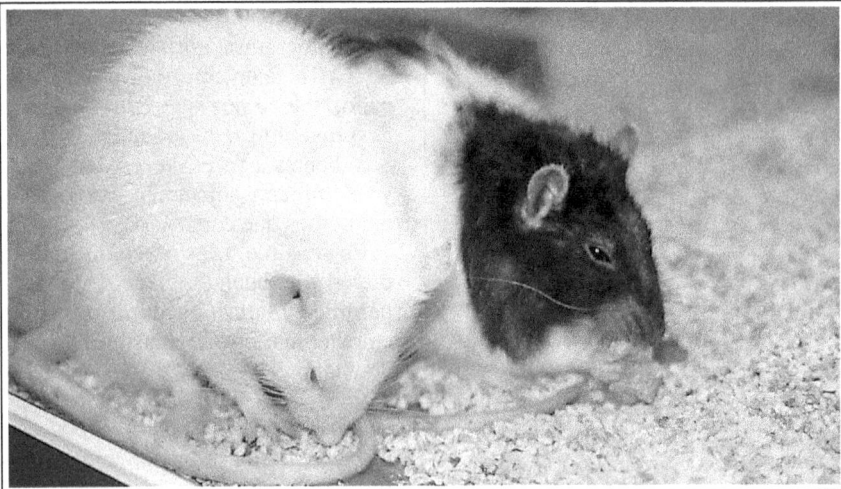

EL RATÓN

Nombre científico
Mus musculus.

Comportamiento
El ratón es un roedor nocturno.
Cuanto más joven es, más fácil se hace domesticarlo.
Es preferible criarlo sólo.
Es el roedor más juguetón.

Forma de vida en compañía
La jaula tiene que medir por lo menos 30 cm x 20 cm y tiene que ser más grande en caso de reproducción. Le gustan las escaleras y los trapecios.
El sustrato debe estar compuesto por virutas (es preferible evitar el serrín).

Reproducción
Madurez sexual: 1,5 meses.
Periodo de reproducción: todo el año.

Gestaciones por año: de 4 a 8.
Crías por gestación: de 7 a 10.
Duración de la gestación: 21 días.
Duración de la lactancia: 3 semanas.
Peso al nacer: 1,5 gramos.

Esperanza de vida
2-4 años.

Principales enfermedades
La temperatura normal es de 37 a 38 C. Es muy sensible a las enfermedades de la piel. Una buena higiene de la jaula permite evitarlas.
Hay que protegerlo del frío, puesto que es propenso a las neumonías, sobre todo los animales más jóvenes.

Variedades
Puede ser blanco o de color.

El ratón

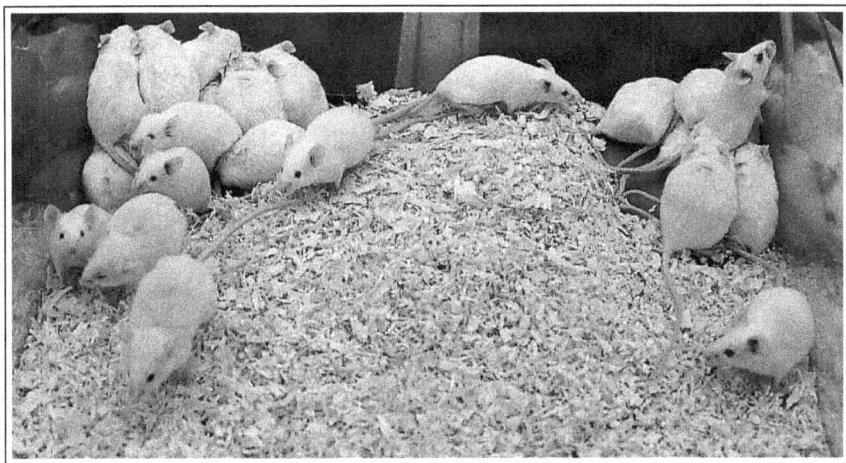

Nombre científico
Oryctolagus cuniculus.

Comportamiento
Es activo durante el día. Se entiende muy bien con los conejillos de Indias y se domestica muy bien. Se le puede sacar de vez en cuando de la jaula.

Forma de vida en compañía
La jaula tiene que ser larga. El sustrato puede estar formado por paja, heno, serrín o incluso por arena para gatos.

Reproducción
Madurez sexual: 6 meses.
Periodo reproducción: todo el año.
Gestaciones al año: de 2 a 3.
Crías por gestación: de 3 a 4.
Duración gestación: 1 mes.
Duración lactancia: 3 semanas.
Peso al nacer: de 30 a 40 gramos.

Esperanza de vida
8 o 9 años.

Principales enfermedades
La temperatura normal es de 38-39 C.
Es muy sensible a la rinitis, al calor (que le causa problemas cardiacos), a las diarreas debidas a una mala alimentación y a la sarna de las orejas. Para evitar estas enfermedades, no debemos cambiar nunca su alimentación, controlaremos cualquier goteo de la nariz y lagrimeo y lo mantendremos a una temperatura ambiente de 18 C. Es sensible a la mixomatosis, y se le puede poner una vacuna para prevenir la enfermedad a partir de los tres meses de vida.

Variedades
Existen conejos enanos bélier, de cabeza de león, de angora...

Conejo enano de cabeza de león

Este pequeño roedor recibe también el nombre de *chili*. Vive en los Andes, y es mucho más pequeño que la chinchilla. Es muy curioso y muy afectuoso. Los mordiscos son raros. Adora jugar en su jaula y se dedica a realizar locas persecuciones a sus congéneres. Existen muy pocos datos sobre este animal, que es un buen compañero para los niños. Su comida es muy parecida a la de la chinchilla, y su esperanza de vida es de 5 o 6 años aproximadamente.

Este roedor presenta el esmalte de los molares superiores plegado en forma de ocho.

Por lo que respecta a la reproducción, se reproduce dos veces al año.

El degú

Especies consideradas domésticas

Mamíferos

Bóvidos

• Las razas domésticas del búfalo *(Bos taurus)*

• El yak *(Bos grunniens)*

• El cebú *(Bos indicus)*

• El búfalo *(Bubalus bubalis)*

• Las razas domésticas de la cabra *(Capra hircus)*

• Las razas domésticas de la oveja *(Ovis aries)*

Camélidos

• El dromedario *(Camelus dromedarius)*

• Las razas domésticas del camello *(Camelus bactrianus)*

• La llama *(Lama glanta)*

• La alpaca *(Lama pacos)*

Cérvidos

• El reno de Europa *(Rangifer tarandus)*

Equinos

• El caballo *(Equus caballus)*

• El burro *(Equus asinus)*

Suidos

• El cerdo *(Sus domesticus)*

Cánidos

• El perro *(Canis familiaris)*

Felinos

• El gato *(Felis catus)*

Lepóridos

• Las razas domésticas del conejo *(Oryctolagus cuniculus)*

Cricétidos

• Las razas domésticas del hámster *(Mesocricetus auratus)*

• Las razas domésticas del gerbillo *(Meriones unguiculatus)*

Múridos

• Las razas domésticas del ratón *(Mus musculus)*

• Las razas domésticas de la rata *(Rattus norvegicus)*

Cavíidos

• El conejillo de Indias *(Cavia porcellus)*

Chinchílidos

• Las razas domésticas de la chinchilla *(Chinchilla laniger x ch. Brevicaudata)*

Mustélidos

• El hurón, raza doméstica del turón *(Mustela putorius)*

Las aves

Anseriformes

Anátidas

• El cisne llamado «polonés» *(Cygnus «immutabilis»)*, variedad de color del cisne tuberculado o cisne mudo *(Cygnus olor)*

• La variedad plateada del cisne negro *(Cygnus atratus)*

• Las ocas de China y de Guinea, variedades domésticas de la oca cigüeña *(Anser cygnoides)*

• Las variedades domésticas de la oca cenicienta *(Anser anser)*

• Las variedades blancas y rubia de la oca de Egipto *(Alopochen aegyptiacus)*

• Las razas y variedades domésticas del pato colvert *(Anas platyrhynchos)*

• Las variedades azul y negro del pato y trullo de Laysan *(Anas platyrhynchos laysanensis)*

• La variedad plateada del pato o pato salvaje de las Bahamas *(Anas bahamensis)*

• Las variedades rubias y blanca del pato carolin *(Aix sponsa)*

• La variedad blanca del pato mandarín *(Aix galericulata)*

• Las variedades domésticas del pato almizclado *(Cairina moschata)*

Galliformes

Fasiánidos

• Las variedades domésticas de la codorniz de Japón *(Coturnix coturnix japonica)*

• Las variedades domésticas de la codorniz pintada de China *(Excalfactoria chinensis)*

• Las razas y variedades domésticas del gallo bankiva *(Gallus gallus)*

• La variedad lavanda del gallo de Sonnerat *(Gallus sonnerait)*

• Las variedades domésticas del pavo real ordinario o pavo real azul *(Pavo cristatus)*:
— el pavo real blanco
— el pavo real penachudo o pie
— el pavo real de plumas negras (= mutación «*nigrippennis*»)

• La variedad blanca del pavo real javanés *(Pavo muticus)*

• El pavo real de Spalding, híbrido entre el pavo real de plumas negras y el pavo real javanés

• Las variedades domésticas del faisán ordinario *(Phasianus colchidus)* sobre todo:
— el faisán oscuro (= mutación «*tenebrosus*»)
— el faisán blanco
— el faisán pie o penachudo
— el faisán de Bohemia
— las variedades gris ceniciento, aleonado, isabelino, diluido, etc.
— las formas gigantes

• Las variedades domésticas del faisán dorado *(Chrysolophus pictus)*:
— el faisán dorado carbonado (= mutación «*obscurus*»)
— el faisán dorado amarillo (= mutación «*luteus*»)
— el faisán dorado salmonado o isabelino (= forma «*infuscatus*»)
— el faisán dorado canela

Numídidos

• Las razas y variedades domésticas de la pintada con casco de África occidental *(Numida meleagris galeata)*

Meleagrídidos

• Las razas y variedades domésticas del pavo mejicano *(Melegris gallopavo gallopavo)*

Columbiformes

Colúmbidos

• Las razas y variedades domésticas de la paloma torcaz *(Columba livia)*

• Las variedades domésticas, constituyendo la tórtola reidora *(Streptolia «risoria»)*, de la tórtola rosa y gris *(Streptopelia roseogrisea)*

• Las variedades domésticas de la paloma diamante *(Geopelia cuneata)*

Psitaciformes

Psitácidos

• Las variedades domésticas del periquito *(Melopsittacus undulatus)*

• Las variedades domésticas de las siguientes especies:
— la carolina *(Nymphicus hollandicus)*
— la rosella oriental *(Platycercus e. eximius)*
— la cotorra de Pennant *(Platycercus elegans)*
— la cotorra de Stanley *(Platycercus icterotis)*
— la cotorra de rabadilla roja *(Psephotus h. haematonotus)*
— la cotorra palliceps *(Platycercus adscitus)*
— la cotorra de banda roja o Kakariki de frente roja *(Cyanoramphus n. novaezelandiae)*
— la cotorra de cabeza dorada o Kakariki de frente amarilla *(Cyanoramphus auriceps)*
— la cotorra de Bourke *(Neophema bourkii)*
— la cotorra elegante *(Neophema elegans)*
— la cotorra de Edwards o cotorra turquesa *(Neophem pulchella)*
— la cotorra espléndida *(Neophema splendida)*
— el inseparable de cara rosa *(Agapornis roseicollis)*
— el inseparable de Fischer *(Agapornis fischeri)*
— el inseparable enmascarado o de cabeza negra *(Agapornis personata)*
— el inseparable de Nyasa *(Agapornis lilianae)*
— el inseparable de mejilla negra *(Agapornis nigrigenis)*
— la cotorra de collar de África *(Psittacula K. krameri)*
— la cotorra de collar de la India *(Psittacula K. Manillensis)*
— la cotorra de cabeza de ciruela *(Psittacula cyanocephala)*
— la cotorra gran Alexandra *(Psittacula alexandri)*
— la cotorra argentina *(Myiopsitta m. monachus)*
— la cotorra rayada o la cotorra Catherine *(Bolborhynchus l. lineola)*
— la cotorra con casquete azul o cotorra princesa de Gales *(Polytelis alexandrae)*
— la cotorra de rock pebbler *(Polytelis anthopeplus)*
— la cotorra Barnard *(Barnardius barnardi)*
— la cotorra Port-Lincoln *(Barnardius zonarius)*
— la cotorra de collar amarillo o cotorra veintiocho *(Barnardius zonarius semitorquatus)*
— la cotorra con casquete azul o cotorra real australiana *(Alisterus scapularis)*
— la cotorra celeste *(Forpus coelestis)*

Paseriformes

Fringílidos

• Las razas y variedades domésticas, llamadas canarios, de los serinos de Canarias *(Serinus canaria)*

Estrílidos

• Las variedades domésticas, constituyendo el gorrión de japón *(Lonchura «domestica»),* del domino *(Lonchura striata)*

• Las variedades domésticas de las siguientes especies:
— el diamante mandarín de Australia *(Poephila [Taenopygia] guttata castanotis)*
— el diamante de Gould *(Chloebia [Poephila] gouldiae)*
— el diamante modesto *(Aidemosyne modesta)*
— el diamante moteado *(Emblema [Staganopleura] guttata)*
— el diamante de cola roja *(Neochima [Poephila] ruficauda)*
— el diamante de larga cola *(Poephila acuticauda)*
— el diamante con bavero *(Poephila cincta)*
— el diamante de Kittlitz o diamante tricolor *(Erythura trichroa)*
— el diamante psitaculario o pape de Nouméa *(Erythrura psittacea)*
— el pico de plomo *(Lonchura m. malabarica)*

— el pico de plata *(Lonchura m. cantans)*
— el padda o calafate *(Padda orysivora)*
— el degollado *(Amadina fasciata)*

Ploceidos

• Las variedades domésticas de las siguientes especies:
— el gorrión doméstico *(Passer domesticus)*
— el gorrión pequeño *(Passer montanus)*

Esturnidos

• Las variedades domésticas del estornino vulgar o estornino sansonnet *(Sturnus vulgaris)*

Peces

• La carpa Koï *(Cyprinus carpio)*

• Los peces rojos y japoneses *(Carassius auratus)*

Insectos

• El gusano de seda *(Bombyx mori)*

• Las variedades domésticas de abejas *(Apis spp.)*

• Las variedades domésticas de drosófilos *(Drosophylla spp.)*

Conclusión

Para que su gerbillo sea feliz, tiene que aprender a conocerlo y a comprender sus necesidades. Esto no se consigue en tres días. Se necesita paciencia, y no hay que desanimarse si se nota que no se establece ninguna relación. La relación con el hombre no es instintiva en estos animales. Han recibido el nombre de animales de compañía por la utilidad que los hombres les han dado, pero su forma de vida natural no los ha encaminado jamás a la domesticación. Por lo tanto, no debemos forzarlo a que establezca una relación con nosotros. Sólo observando su comportamiento con atención lograremos que se establezcan algunos lazos. En un primer momento, nuestro deber como amo es respetar las condiciones de vida necesarias para su equilibrio, alimentarlo de forma correcta y observar la más mínima señal que pueda presentar de desfallecimiento.

Intentaremos proporcionarle lo que es más adecuado para él: un terrario, una jaula, la compañía de otros animales...

Esta obra ha establecido las bases para el cuidado de un gerbillo, pero estas nociones generales deben adaptarse luego a cada animal. Sólo observándolo con atención podremos conseguir que viva feliz. Los conocimientos que adquiriremos por nuestra cuenta, a partir del estudio específico del comportamiento del animal, nos acercarán a él.

Estos cuidados diarios son una escuela de vida para todos, niños, adolescentes y adultos.

Bibliografía

FERRI, V. Y R. MABEL-SCHIAVO: *Hámsters y conejillos de Indias,* Barcelona, Editorial De Vecchi.

GISMONDI, E.: *Todo sobre la ardilla,* Barcelona, Editorial De Vecchi.

LAURENT, O.: *Los ratones,* Barcelona, Editorial De Vecchi.

CAPELLO, V.: *La chinchilla,* Barcelona, Editorial De Vecchi.

www.ingramcontent.com/pod-product-compliance
Lightning Source LLC
Chambersburg PA
CBHW062100270326
41931CB00013B/3150